Mit Kindern durch Innsbruck

#		Seite
1	*Auf den Spuren Kaiser Maximilians*	6
2	*Alles nur Fassade?*	14
3	*Auf die Plätze, fertig, los!*	26
4	*Innsbruck, einmal tierisch!*	36
5	*Familien-G'schichten*	46
6	*Kunst-volle Stadt*	58
7	*Rund um Innsbruck*	66

Mit Kindern durch Innsbruck

loewenzahn

Barbara Danzl / Ulla Fürlinger / Katja Laske

Vorwort

Eine Städtetour mit Kindern stellt viele Eltern vor schier unüberwindlich scheinende Schwierigkeiten. Den berechtigten Interessen der Erwachsenen, zumindest die wichtigsten Sehenswürdigkeiten einer Stadt kennen zu lernen, stehen die ebenso berechtigten Wünsche der Kinder, eine spannende und abwechslungsreiche Zeit zu erleben, gegenüber. Diese unterschiedlichen Bedürfnisse unter einen Hut zu bekommen, erfordert einen weiten Spagat.

Unsere Erfahrungen zeigen, dass das, was Erwachsene interessiert, für Kinder manchmal ziemlich langweilig sein kann, dass hingegen die spontanen Entdeckungen der Kinder meist auch für Erwachsene eine Bereicherung sind. Somit stehen alle unsere Bemühungen unter dem Motto: Nur dann, wenn die Kinder mit einem Ausflug glücklich sind, sind es auch die Eltern!

Dieser Stadtführer ist sowohl für einheimische Familien, die mit ihren Kindern die Heimat genauer kennen lernen wollen, als auch für Touristen, die speziell wegen der Schönheit der Stadt und ihrer Umgebung von weit her gekommen sind, ein hilfreicher Ratgeber.

Die einzelnen Routen sollen locken, genauer hinzusehen, das Auge nicht nur im Parterre und entlang der Auslagen der Geschäfte verweilen zu lassen, sondern möglichst oft auch den Blick in den ersten oder zweiten Stock, auf Dachansichten oder in verschwiegene Winkel zu lenken, und dabei einiges über die Zusammenhänge und Hintergründe der Stadtentwicklung zu erfahren.

Der pädagogische Aspekt des vorliegenden Buches steht gleichberechtigt neben dem des Vergnügens. Da es sich an Erwachsene und Kinder richtet, gliedert sich jede Doppelseite nach einem bestimmten Schema: Während der erläuternde Text auf der rechten Seite den Leser von Station zu Station führt und durch Fotomaterial und Detailinformationen in einer Randspalte ergänzt wird, gehört die linke Seite voll und ganz den Kindern, denen Innsbruck und seine Sehenswürdigkeiten auf spielerische Weise näher gebracht werden. Je nach Alter können hier mit Hilfe der Eltern oder auch alleine Fragen beantwortet, Dinge gesucht oder Skizzen ausgefüllt werden.

Sollten mehrere Kinder mit dem Buch arbeiten wollen, so finden sich die Arbeitsblätter auch auf der Homepage der Stadt Innsbruck unter www.innsbruck.at/familienfuehrer zum Downloaden. Ein Angebot, das nicht zuletzt für Lehrer interessant sein dürfte!

Je nach Interesse kann bei den einzelnen Stationen noch mehr notiert und/oder skizziert werden als vorgeschlagen. Die so entstandenen Zeichnungen und Notizen ermöglichen dann der ganzen Familie, sich zuhause an das Gesehene zu erinnern. Wer Lust hat, kann die Bilder noch farbig gestalten. So entstanden schon vor Jahrhunderten die Skizzenbücher berühmter Reisender wie Goethe oder Winckelmann!

Die Routen unterscheiden sich in Länge und Aufbau. Dies ergab sich in erster Linie durch die thematische Gliederung. Doch gerade dadurch wird es nicht langweilig, mehrere Routen nacheinander – etwa an aufeinander folgenden Tagen oder Wochenenden – auszuprobieren. Vieles, was man beim ersten Mal gesehen hat, wird beim zweiten Mal unter einem anderen Blickwinkel betrachtet. So ergänzen sich die Erklärungen, die bewusst selektiv sind. Speziell für Kinder ist es einfacher, Dinge anhand eines „roten Fadens" anzusehen, da sonst die Gefahr besteht, dass durch die Fülle der Informationen die Lust am Hinschauen genommen wird.

Die einzelnen Routen lassen sich der Reihe nach „erwandern". Man kann aber genauso nur ein Thema heraussuchen, das einen gerade besonders interessiert. Da jeder Betrachter sein ihm eigenes Tempo hat und viele Varianten möglich sind – mal geht man in ein Museum hinein, mal schaut man es nur von außen an etc. –, lässt sich eine zeitliche Dauer für die Rundgänge nicht angeben. So bleibt es dem Benutzer dieses Familienführers individuell überlassen, wie lange er dem einen oder anderen Vorschlag folgen mag oder sich eventuell die Fortsetzung für einen zweiten Ausflug aufspart.

Auf eine vollständige Aufzählung aller Innsbrucker Museen inklusive der dazu gehörigen Daten wurde hier bewusst verzichtet. Diese Informationen finden sich im jährlich erscheinenden Verzeichnis „Museen.exhibitions" des Innsbrucker Tourismusverbands.

In der hinteren Umschlagklappe bietet ein Glossar die Erklärung einiger Fachausdrücke. Diese sind im Text immer dann farbig geschrieben, wenn sie in einer Route zum ersten Mal erwähnt werden.

Allen Benutzern dieses Buches – ob groß, ob klein – wünschen wir damit ganz viel Freude. So viel Freude, wie sie die Autorinnen beim Erstellen des Textes hatten! Allen, die unsere Arbeit ideell und finanziell unterstützt haben, sagen wir an dieser Stelle unseren Dank.

Route 1

Auf den Spuren Kaiser Maximilians

Keine andere Persönlichkeit hat für Innsbruck derart viel Bedeutung wie Kaiser Maximilian I. (1459–1519). An dem vergleichsweise kleinen Hof zu Wiener Neustadt geboren, prägten ihn in besonderer Weise seine Jugendjahre in dem damals »modernen« Burgund. Innsbruck allerdings betrachtete er zeitlebens als seine eigentliche Hauptstadt. Hier war sein Hauptwohnsitz, hier befanden sich seine Behörden und in unmittelbarer Nähe seine Haupteinnahmequellen, das reiche Salzvorkommen in Hall sowie die Schwazer Silber- und Kupferbergwerke. So ist es nicht verwunderlich, dass er in der Stadt Bauwerke errichten ließ, die ganz nach seinem Wunsch die Erinnerung an ihn bis heute wach halten.

Wer auch immer den Namen Innsbruck hört, der denkt zuerst an das Goldene Dachl. Deshalb führt der erste Weg den Besucher gewöhnlich zu diesem Wahrzeichen der Stadt. Auch unser Rundgang soll an dem Punkt beginnen, von dem aus man sich dem Goldenen Dachl am besten nähern kann.

(H) Maria-Theresien-Straße

Das Goldene Dachl wurde im Jahre 1500 im Auftrag Kaiser Maximilians I. als Vorbau an ein mittelalterliches Gebäude, den sog. »Neuen Hof«, angebaut.

Früher waren wohl die meisten Gewölbe bemalt, denn bei Restaurierungen oder Umbauten kommen immer wieder Originalbemalungen zum Vorschein.

Kaiser Maximilian I. war zweimal verheiratet. Zuerst mit Maria von Burgund (Heirat 1477; gest. 1482), das ist die Dame mit der damals modernen »Hörnerhaube«, und dann – nach deren frühem Tod - mit Bianca Maria Sforza aus Mailand (Heirat 1494; gest. 1510). Letztere hält einen Apfel in der Hand, wohl als Preis für den besten Tänzer!

1 Ehemaliges Spitalstor

Dort, wo jetzt der Verkehr auf Markt- und Burggraben fließt, schützte im Mittelalter außerhalb der wehrhaften Stadtmauer ein Wassergraben die ganze Altstadt. Nur über eine hölzerne Zugbrücke gelangte man durch das 1765 abgerissene riesige Vorstadt- oder Spitalstor in die breite Hauptstraße, die heutige Herzog-Friedrich-Straße. Seit Jahrhunderten schlugen Händler und Reisende diesen Weg ein, denn hier verlief die wichtige Verbindung von Augsburg nach Venedig. Zwischen den bunt bemalten mittelalterlichen Häusern zogen sie mit ihren Karren auf das schon aus der Ferne leuchtende Dachl zu.

2 Die Lauben

Damals wie heute achtete man kaum auf den riesigen gemalten Adler mit zwei Köpfen, der sich im Gewölbe der Lauben des Hauses Nr. 35, dem sog. »Kohleggerhaus« versteckt hält. Er trägt den Namen »Quaternionenadler« und vereint auf seinen Flügeln die Wappen der Reichsstände, die zur Zeit Maximilians das Deutsche Reich repräsentierten.

3 Das Goldene Dachl

Je näher man dem Goldenen Dachl kommt, umso deutlicher wird, dass es sich hierbei nicht um ein gewöhnliches Hausdach handelt. Vielmehr ist es ein Vorbau, eine Art Erker, der wirkt, als wäre er an das ältere Gebäude, das früher den Namen »Der Neue Hof« trug, »angeklebt«. Wie eine große Werbewand zieht es den Betrachter in seinen Bann. Für alle Zeiten sollte deutlich gemacht werden, wie reich Kaiser Maximilian I. war (davon erzählt das Gold der Ziegel), wie modern und aufgeschlossen (Zeichen dafür sind die fremdländischen Tänzer, die damals »in«

Die leeren Wappenschilde kannst du bemalen.
Zeichne entweder eines der Wappen am unteren Teil des Erkers ab oder entwirf dein eigenes Familienwappen!

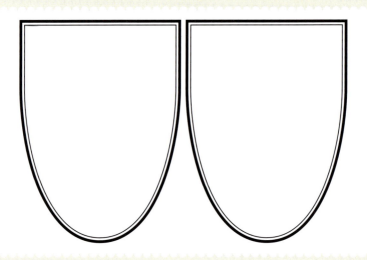

Rate mal, wie viele Ziegeln auf dem Goldenen Dachl sind!
Kreuze einfach die richtige Lösung an!

 Versuche einmal zuhause, ein Relief aus einem Stück Seife heraus zu kratzen. Das geht ganz schön schwer! Um wie viel schwieriger war da wohl die Arbeit an einem riesengroßen Steinblock … Die kleinste Unachtsamkeit und schon war der Stein »verhauen«.

Die Wappenschilde zeigen von links nach rechts betrachtet die Wappen von Österreich, von Ungarn, das Kaiser- und das Königswappen, sowie die Wappen von Burgund und Mailand. Aus den letztgenannten Herzogtümern stammten die beiden Gemahlinnen des Kaisers.

Achtung: Bei den Reliefs handelt es sich um Kopien. Die Originale befinden sich seit 1952 im Tiroler Landesmuseum Ferdinandeum!

Die Moriskentänzer kamen aus Spanien, wo sie den »Moreska« genannten Tanz der in Südspanien zugewanderten Mauren pflegten. Möglichst hohe, akrobatische Sprünge sind typisch für diesen nur von Männern ausgeführten Tanz.

Der Text des Schriftbands lautet nach neuesten Forschungen etwa so: »Nutze jeden Augenblick, lasse keinen Tanz aus, mitnehmen kannst du nichts.«

waren, ebenso wie die, vermutlich hebräischen Buchstaben auf dem Schriftband darüber) und welch ein großes Reich er beherrschte (das bezeugen die Wappen seiner Ländereien im unteren Bereich).

Ein kleines Dach hat dieser Vorbau allerdings tatsächlich und noch dazu ein golden Glänzendes. Die Ziegel aus feuervergoldetem Kupfer wurden bei der letzten Restaurierung gezählt, es sind 2657 Stück. Auf den ersten Blick nicht so spektakulär, aber weitaus kostbarer sind die am Balkon darunter befindlichen zehn großen Steintafeln. Diese sog. **Reliefs** sind von dem zu seiner Zeit hoch angesehenen Hofbildhauer Niklas Türing d. Ä. aus Mittenwalder Sandstein gehauen.

Der Kaiser ist gleich zweimal zu sehen. Außerdem erkennt man seine beiden Frauen, seinen Hofnarren und einen seiner Minister. Umringt sind sie von den berühmten Moriskentänzern, die auf insgesamt acht Steintafeln ihre akrobatischen Fähigkeiten zur Schau stellen. Zu Kaiser Maximilians Zeiten reisten solche Tanzgruppen von einem Fürstenhof zum anderen – wie heute die Pop-Stars auf ihren Tourneen – und ließen sich bejubeln.

Im Gegensatz zu seinen Vorgängern hat Kaiser Maximilian nie im »Neuen Hof« gewohnt; hier befand sich nur seine Finanzkammer. Er selbst war meist in seinem großen Reich unterwegs. Seine zweite Frau, Bianca Maria Sforza, hingegen hielt bis zu ihrem Tod im Jahre 1510 in Innsbruck Hof.

Im Museum im 2. Stock des Hauses kann man viel Spannendes über Kaiser Maximilian und seine Zeit erfahren. Dort finden sich nicht nur wunderschöne Porträts vom Kaiser und seiner zweiten Gemahlin, sondern etwa auch eine Originalrüstung aus der Zeit um 1500, ein Groteskhelm, ein Spielzeug in Form eines kleinen Ritters und vieles mehr. Beim Blick von dem weltberühmten Balkon auf das Treiben in den darunter liegenden Gassen fühlt man sich so wie früher der Kaiser und sein Hofstaat.

*Die Moriskentänzer führten auch Tiere mit sich.
Hast du sie schon entdeckt?*
**Male die Tiere, die du auf den Steintafeln
erkennen kannst, mit Farbe an!**

 Sucht den Flüsterbogen in der Hofgasse. Stellt euch einfach seitlich in den Bogen, einer links, der andere rechts. Dann sprecht ganz leise miteinander. Ihr werdet erstaunt sein; das Gegenüber auf der anderen Bogenseite kann alles perfekt verstehen!

Porträt Kaiser Maximilians I. (1459–1519); 1507/08 vom Hofmaler Bernhard Strigel aus Augsburg auf Holz gemalt.

Seit 1502 wurde an dem Projekt für ein Grabmal gearbeitet. Erst 11 Statuen (von den heute 28) waren fertig, als Kaiser Maximilian im Jahre 1519 starb.

Tipp: Wer wissen möchte, wie Bronzefiguren hergestellt werden, geht am besten zur 400 Jahre alten Glockengießerei Grassmayr (Leopoldstr. 53), eine der wenigen noch erhaltenen in Europa.

Das Goldene Dachl ist nicht nur mit Reliefs geschmückt, sondern auch mit Fresken. Auf der Wandfläche hinter dem Balkon sind viele Personen zu erkennen, die wohl zur Verwandtschaft des Kaisers gehörten. Die zwei riesigen Fahnenschwinger zu beiden Seiten des großen Fensters betonen den Festcharakter der Darstellungen.

Apropos Verwandtschaft: Um zu beweisen, aus welch angesehener Familie er stammt, hat Kaiser Maximilian die bedeutendsten Künstler seiner Zeit beauftragt, von seinen Verwandten und Vorfahren überlebensgroße Statuen aus Bronze anfertigen zu lassen. Sie alle sollten einmal an seinem Grabmal Wache halten. Als er dann überraschend starb und in Wiener Neustadt bestattet wurde, ließen seine Nachfolger weiterhin die schon in Auftrag gegebenen Figuren gießen, für die schließlich extra eine große Kirche gebaut wurde. Sie befindet sich ganz in der Nähe.

4 Die Hofkirche

Zur Schwarz-Mander-Kirche, wie der Volksmund sie nennt, gelangt man durch die Hofgasse mit dem Flüsterbogen (Hofgasse Nr. 12), die von dem Saggentor (ehemals Wappenturm), dem einzigen noch erhaltenen Stadttor Innsbrucks begrenzt wird. Gleich danach steht man vor einem wunderschönen schlichten Renaissance-Portal, hinter dem sich eine der schönsten und bedeutendsten Grabanlagen der Welt befindet. Im hohen Kirchenschiff ist die Verwandtschaft des Kaisers versammelt. Einige Statuen zeigen auch historische Persönlichkeiten, die Maximilian gerne zu seinen Ahnen gezählt hätte, mit denen er aber nicht wirklich verwandt war. Überlebensgroße, dunkel glänzende Gestalten aus Bronze – teils in Rüstungen, teils in prachtvollen Gewändern aus Samt und Seide – beeindrucken den Besucher. Besonders schön sind die Roben der Frauengestalten.

Die Abbildungen zeigen zwei Details der kostbaren Bekleidungen der Bronzefiguren in der Hofkirche.
Suche sie!

Ist dir aufgefallen, dass diese Figuren nicht fest auf beiden Beinen stehen, sondern eine bewegtere Haltung einnehmen? Sie sind von dem berühmten Maler Albrecht Dürer entworfen. Dieser Künstler hat auch den »Dürer-Hasen« gezeichnet, den wohl bekanntesten Hasen der Welt.

 Alle Bronzefiguren halten eine Hand leicht geöffnet. Sie sollten wie bei einem Festumzug Fackeln tragen, sicherlich ein beeindruckendes Schauspiel. Versuche einmal, diese Handhaltung nachzumachen!

Portal der Hofkirche, der sog. Schwarz-Mander-Kirche, erbaut 1553–1563 nach Plänen des Trientiner Architekten Andrea Crivelli

Von der Treppe aus lässt sich Kaiser Maximilian selbst betrachten, wie er auf seinem leeren Grabmal kniet und betet. Ein paar Stufen weiter in der Silbernen Kapelle liegen zwei andere Herrscher – nämlich Ferdinand II. sowie seine Gemahlin Philippine Welser – in kostbar verzierten Marmor**sarkophagen**. Mehr über dieses nicht ganz standesgemäße Paar erfährt man in Schloss Ambras.

5 Das Zeughaus

Ab dem Jahre 1500 ließ Maximilian ein riesiges, stark befestigtes Waffenlager, ein sog. Zeughaus errichten. Weit draußen vor den Toren der Stadt zwischen Wiesen und Feldern gelegen (heute etwa 15 Gehminuten von der Altstadt entfernt), war es eine Art »Hochsicherheitstrakt«, in dem Waffen für bis zu 30 000 Mann aufbewahrt wurden. Die damals in ganz Europa berühmten **Plattner**werkstätten in Mühlau bei Innsbruck lieferten ausreichend »Zeug«, das im Falle einer kriegerischen Auseinandersetzung schnell an die Soldaten verteilt werden konnte. Vor dem Tor zum Zeughaus stehen noch zwei der berühmten Kanonen des Kaisers; die dazugehörigen Kanonenkugeln kann man in der hinteren Ecke des riesigen Innenhofs bewundern.

Im Zeughaus gibt es kaum noch Waffen, dafür aber ein Museum, das viel über die Entwicklung Tirols erzählt. Und manche Objekte stammen sogar noch aus der Zeit Kaiser Maximilians: So etwa die riesige Fahne der Schwazer Bergleute, die vom Hofmaler Kaiser Maximilians, Jörg Kölderer, bemalt wurde. Oder die kostbaren Silbermünzen, die aus dem im Schwazer Bergwerk zutage geförderten Metall hergestellt wurden. Etwas jünger, aber nicht weniger spannend ist das Schwazer Bergbuch von 1556, in dem die Bergleute ihr streng gehütetes Wissen für die Nachwelt aufgeschrieben haben.

Zeughaus, ehemaliges Waffenlager Kaiser Maximilians

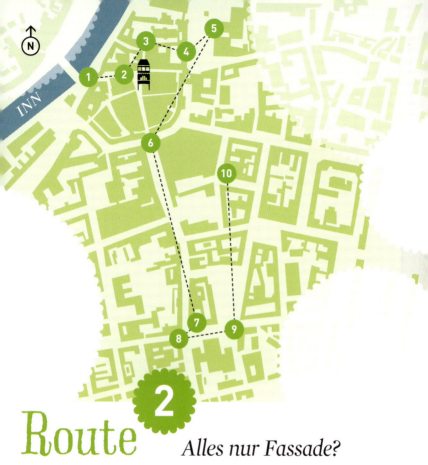

Route 2

Alles nur Fassade?

Häuser sind in erster Linie zum Wohnen da; manche jedoch sind für das öffentliche Leben bestimmt, andere dienen der Arbeit und einige dem Vergnügen. Die Fassade, das »Gesicht« eines jeden Hauses, erzählt viel über seine Geschichte, die Zeit seiner Entstehung und auch über die Bewohner und den Verwendungszweck eines Gebäudes. So kann man Wissenswertes über ein Haus erfahren, ohne dass man es je betreten hätte. Unser Streifzug spürt Fassaden aus sechs Jahrhunderten auf und führt uns dabei ein wenig durch die Geschichte Innsbrucks. 👉

(H) Marktplatz

1 Die Altstadt

An der Stelle am Inn, an der seit 1180 eine Brücke über den Fluss führt, liegt der Geburtsort der Stadt Innsbruck. Hier errichteten die Grafen von Andechs eine hölzerne Brücke und zu deren Schutz eine befestigte Burg. Um die Burg der Andechser herum entstand eine Ansiedlung, welche sehr rasch mit dem Stadtrecht versehen wurde. Stand man damals auf der Brücke, hat ein wehrhaftes Tor – das Inntor – den Zutritt versperrt, ebenso wie eine um die Stadt führende Stadtmauer. Bevor man heute die Altstadt von Innsbruck betritt, sollte man einen Blick zurück auf den Stadtteil Mariahilf und die Innstraße werfen. Die berühmten Häuserzeilen stammen noch aus dem Mittelalter. Ähnlich bunte Fassaden mit spitzen Giebeln, Erkern und vielen, kleinen Fenstern finden sich auch in den Gassen der Altstadt wieder. Spaziert man die Herzog-Friedrich-Straße – die Hauptstraße des alten Innsbruck – entlang, kann man sich wie ein Reisender aus vergangenen Tagen fühlen. Der Weg wird gesäumt von der Ottoburg mit ihren rot-weiß-roten Fensterläden sowie daran anschließend der Claudiana, dem ehemaligen Regierungssitz der Tiroler Landesfürstin Claudia de Medici. Gegenüber liegt der Gasthof »Goldener Adler«, mit Fresken geschmückt und Herberge manch berühmter Persönlichkeiten, deren Namen auf einer Gedenktafel zu lesen sind. Weiter vorne beim Goldenen Dachl biegt die Straße nach Süden ab. Hier sind besonders das Alte Rathaus links neben dem Stadtturm, das Trautsonhaus (Nr. 22) und das Katzunghaus (Nr. 16) mit seinen Eckreliefs zu nennen. Letztere zeigen Darstellungen eines Turniers und stammen von Gregor Türing, einem der Hofkünstler Kaiser Maximilians. Maximilian I. ließ Innsbruck als Residenz und Mittelpunkt seines entstehenden Weltreiches prächtig ausstatten. Die Stadt am Inn verdankt dieser glücklichen Fügung ihre schönen

Eine Urkunde vom 9. Juni 1239 bestätigt die Verleihung des Stadtrechts an Innsbruck. Der genaue Zeitpunkt ist unbekannt. Die offizielle Stadterhebung dürfte zwischen 1187 und 1204 erfolgt sein.

Mariendarstellungen sind häufig auf Innsbrucker Häusern zu finden. Das so geschmückte Haus und alle seine Bewohner stellen sich unter den schützenden Mantel der Gottesmutter. Das Vorbild dieser Marienbilder befindet sich im Innsbrucker Dom: Lukas Cranachs weltberühmte Maria mit Kind von 1514.

Schmücke diese Fassade nach deinen Vorstellungen!

 In der Innsbrucker Altstadt finden sich zahlreiche Madonnendarstellungen an den Fassaden der Häuser. Wir haben 7 gezählt.
Wer findet mehr?

卌 ||

Altstadthäuser mit den Lauben und vor allem eine der berühmtesten Fassaden der Welt: das Goldene Dachl (siehe Route 1, S. 6 ff.). Diesem schräg gegenüber tanzt ein weiteres Gebäude aus der Reihe.

2 Das Helblinghaus

Um 1730 wurde dieses mittelalterliche Wohnhaus mit einer üppigen **Stuckfassade** überzogen. Ornamente in rosa, hellgrün und zartblau verzieren mit Früchten, Masken und **Putten** das Haus. Die pastellfarbenen Töne haben dem Gebäude den Beinamen »Zuckerbäckerhaus« eingebracht. Ob dabei die Tatsache, dass darin ein Kaffeehaus (1800–1827) untergebracht war, auch eine Rolle gespielt haben könnte? In jedem Fall zählt das Helblinghaus, benannt nach dem Cafébesitzer Sebastian Helbling, zu den reizvollsten Bürgerhausfassaden aus dem 18. Jh. im ganzen deutschsprachigen Raum.

3 Dom zu St. Jakob

Am Domplatz angelangt, blickt man auf den ersten hoch**barocken** Kirchenbau Tirols. Auffallend sind die seitlichen Türme, die eine nach innen gewölbte Fassade flankieren. Der Dom zeigt sich als bewegtes Raumgebilde, das den ihn umgebenden Platz mit einbezieht. Im Vergleich dazu erscheinen die mittelalterlichen Altstadthäuser ruhig und bescheiden.

4 Kaiserliche Hofburg

Unmittelbar hinter der Domkirche befindet sich die Kaiserliche Hofburg zu Innsbruck. Durch alte Toröffnungen gelangt man auf die Schauseite des Schlosses am Rennweg. Kaiserin Maria Theresia ordnete den Umbau der Burg an. So entstand aus

Dom zu St. Jakob, 1717–1724, nach einem Entwurf von Johann Jakob Herkomer

*Der Giebel eines griechischen Tempels wird durch Säulen getragen.
Diese erinnern mit Basis, Schaft und Kapitel an einen menschlichen Körper.*
Zeichne noch andere Stützen ein!

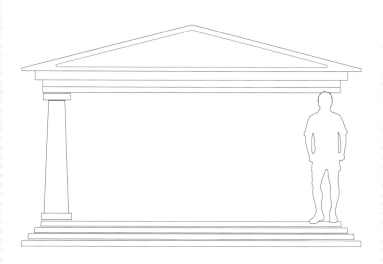

Kaiserliche Hofburg zu Innsbruck, 1754, nach Plänen von Johann Martin Gumpp d.J. und Nicolaus Pacassi

der mittelalterlichen Anlage ein Rokoko-Stadtschloss, in dem selbst die 16 Kinder der Kaiserin Platz gefunden hätten. Die Türme aus der Zeit Kaiser Maximilians wurden dabei zu überkuppelten Eckpavillons umgestaltet und die alles bekrönenden Giebel zeigen das Wappen der Habsburger. Die Fensterrahmungen der Hofburg sind mit reichen Ornamenten dekoriert, wobei Edelweißmotive auf die alpine Lage des Schlosses hinweisen. Übrigens lässt sich die Fassade der Hofburg am besten von ihrem Gegenüber – dem Tiroler Landestheater – aus betrachten.

5 Das Landestheater

Bereits im 17. Jh. gab es in Innsbruck ein »Comedihaus«. Als zweitältestes freistehendes Opernhaus im deutschsprachigen Raum stellte es sich relativ bald als zu groß und den Anforderungen der Zeit nicht mehr entsprechend heraus. Zunächst als Reithalle und ab 1800 als Zolllager »Dogana« benützt, sind Reste des Baus heute Teil des Kongresshauses.

Tiroler Landestheater, 1846, nach Entwürfen von Giuseppe Segusini

Den Neubau entwarf ein italienischer Architekt der damaligen Mode entsprechend. Mit Säulenvorhalle und Giebel sollte der Bau auf die Ursprünge des europäischen Theaters im alten Griechenland verweisen. Wie so oft verhinderten jedoch Streitigkeiten und Finanzierungsprobleme den ursprünglichen Entwurf. Und so wurde am 19. April 1846, am Geburtstag des Kaisers Ferdinand I., das Theater in einer reduzierten Form feierlich eröffnet. Noch heute fehlt der Giebel mit seinem reichen Figurenprogramm. An dessen Stelle wird der Bau mit einem mächtigen Gesims abgeschlossen. Die das Theater schmückenden Reliefs zeigen u. a. Eichen- und Lorbeerkränze ebenso wie von Schwänen umgebene Öffnungen in Form einer Lyra. Ganz so, wie es sich für einen »Tempel der Künste« gehört.

Suche die Bauten, die nicht aus dem 17. und 18. Jh. stammen!

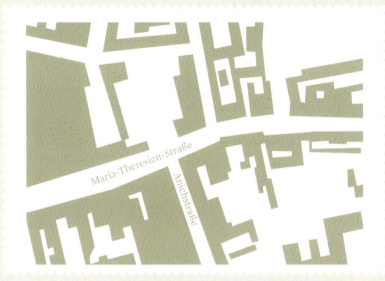

Kaufhaus Tyrol: *Neubau seit 2007 und schon jetzt eine der meist diskutierten Fassaden unserer Zeit.*
Bankgebäude: *eine Jugendstilfassade.*
Sporthaus OK: *eine Fassade wie eine Bergwand.*

6 Maria-Theresien-Straße

Maria-Theresien-Straße mit Annasäule

Betritt man die Prachtstraße mit ihren Palais aus dem 17. und 18. Jh., so tut man gut daran, seinen Blick vom geschäftigen Treiben der Einkaufszone eine Etage höher – zur **Beletage** - gleiten zu lassen. Besonders sehenswert sind dabei das Palais Troyer-Spaur (Nr. 39) und das Palais Trapp (Nr. 38). Der bedeutendste weltliche Barockpalast Tirols allerdings ist das »Alte Landhaus« (Nr. 43). Das repräsentative Amtsgebäude wurde von einem Mitglied der berühmten Tiroler Baumeisterfamilie Gumpp erbaut. Die Hauptfront des Landhauses zeigt sich durch horizontal laufende **Gesimse** und mächtige Pfeiler reich gegliedert. Blickt man zurück auf die Altstadt, kann man eine der berühmtesten Innsbrucker Ansichten genießen: Die Maria-Theresien-Straße mit der Annasäule, die Altstadt mit Goldenem Dachl und die mächtige Nordkette. Übrigens nicht die hl. Anna bekrönt die Säule, sondern eine Figur der Gottesmutter Maria. Anna befindet sich am Sockel neben den Bischöfen Kassian und Vigilius sowie dem hl. Georg samt Drachen.

7 Die Triumphpforte

Triumphpforte, 1765

Am Ende der Straße trifft man auf die Triumphpforte. Maria Theresia ordnete den Bau dieser dreibogigen Ehrenpforte anlässlich der Hochzeit ihres Sohnes Erzherzog Leopold mit der spanischen Prinzessin Maria Ludovica an. Wie es sich für eine »Schautafel« gehört, zeigt die dem Stadtzentrum zugewandte Seite das freudige Ereignis der Hochzeit. Die Südseite des Bogens allerdings thematisiert einen tragischen Moment: Sie ist dem Gemahl der Kaiserin, Franz Stephan, gewidmet, der während der Hochzeitsfeierlichkeiten verstarb. Sein Porträt wird begleitet von einer Frau mit Lorbeerkranz sowie von Saturn, der als Zeichen des Todes eine Sense in seinen Händen hält.

Verschiedene Tiere und Pflanzen beleben das Winklerhaus.
Hast du sie schon entdeckt?

8 Das Winklerhaus

Anton Bachmann, Winklerhaus, 1902

In unmittelbarer Nähe zur Triumphpforte findet sich ein Gebäude, das durch seinen stark farbigen Fassadenschmuck die Aufmerksamkeit auf sich zieht. Blüten und phantasievolle Bäumchen in immer neuen Variationen zieren die der Leopoldstraße zugeneigte Seite des Jugendstilhauses. Am Gebäudeteil zur Maximilianstraße hin entdeckt man neben pflanzlichen und geometrischen Formen vor allem am Erker und den angrenzenden Fensterrahmungen eigentümliche Figuren, Tiere und Fabelwesen.

9 Das Hochhaus, IKB-Gebäude

Lois Welzenbacher, Hochhaus, 1926

Wendet man dem Winklerhaus den Rücken zu, sieht man das erste Hochhaus Innsbrucks. Der unauffällige Bau neben dem modernen Casino gehört zu den bedeutendsten Gebäuden der sog. »Weißen Moderne« in Tirol. Klare Formen, der Verzicht auf Ornamente und Bauschmuck sowie eine Vorliebe für weißen Verputz sind sichtbare Zeichen dafür. Übrigens: Das Dachgeschoss wurde im Zweiten Weltkrieg zerstört und verändert wieder aufgebaut. Nach einer Idee des Architekten Lois Welzenbacher sollte der historischen Altstadt eine Neustadt in Form von punktuell errichteten Hochhäusern gegenüber gestellt werden. Dieser Plan wurde jedoch nicht verwirklicht. Nur noch ein weiteres dieser »Turmhäuser« konnte gebaut werden: Das architektonisch ebenso beachtenswerte Adambräu Sudhaus (heute Architekturzentrum).

10 BTV-Stadtforum

Flaniert man über die Gilmstraße, betritt man gleichzeitig einen 2006 neu gestalteten Platz, das Stadtforum. Ungewöhnlich

Die Fassade des BTV-Gebäudes wird durch viele verschiedene Fensterformen geprägt.
Zeichne sie möglichst genau nach!

BTV-Gebäude, 2006

gepflastert wirkt der Boden wie ein Steinteppich, der auf das zurückversetzte Eingangsportal des Bankhauses hinführt und sich über die Sockelzone des Baues zieht. Horizontale und vertikale Bauelemente und Fenster gliedern das Gebäude und finden sich auch im Inneren wieder.

Eine hohe, lichte Halle bildet dort den Mittelpunkt des Gebäudekomplexes. Mächtige Betonscheiben ziehen den Blick nach oben über Fensteröffnungen, welche denen an der Fassade gleichen, bis hin zu einem großen Glasfenster mit Sicht auf die Nordkette. Die Mitte des Hauses erscheint hier gleichzeitig als Teil des Stadtraumes. Der Innenraum wird zum öffentlichen Raum.

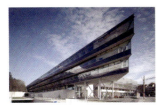
SoWi-Bau, Universitätsstraße

Selbstverständlich finden sich weitere bemerkenswerte Bauten aller Stilrichtungen auch außerhalb unserer Route. Dem Stil eines klassischen griechischen Tempels nachempfunden präsentieren sich etwa das Tiroler Landesmuseum Ferdinandeum oder die Leopold-Franzens-Universität am Innrain. Auf aufregende Glasfassaden moderner Architektur, die etwa die mächtige Nordkette widerspiegeln, trifft man an der Nordseite der Rathausgalerie (Hotel The Penz) oder am SoWi-Neubau der Universität Innsbruck. Also noch viel Spaß bei weiteren Entdeckungen ...

Fassade des Hotels The Penz

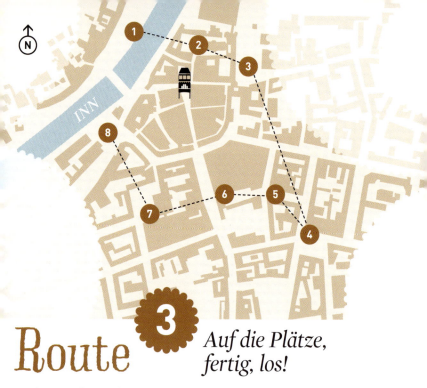

Route 3

Auf die Plätze, fertig, los!

Markt-, Spiel-, Dorf-, Hauptplatz – sie erfüllen zwar unterschiedliche Aufgaben, doch eines haben sie gemeinsam: Es sind Stätten, wo sich Menschen treffen und sich miteinander unterhalten. Jede Stadt und jede noch so kleine Ortschaft hat zumindest einen Platz, der meist einen zentralen Punkt im Straßengefüge markiert. Und wie jede Stadt mehrere Plätze aufzuweisen hat, so verfügt wiederum fast jeder Platz über einen – zumindest im Sommer – plätschernden Brunnen.

Wie Straßen sind auch Plätze entweder nach berühmten Persönlichkeiten benannt oder geben einen Hinweis auf ein nahes, wichtiges Gebäude. Nicht selten weisen sie auf ein wesentliches Ereignis in der Stadt- bzw. Ortsgeschichte hin. Bisweilen fällt es gar nicht leicht, Plätze von Parks klar abzugrenzen, denn sehr oft sind die einen Bestandteil des anderen. Fangen wir unseren Rundgang an einem Punkt an, an dem dies ganz gut ersichtlich wird. 👉

(H) Innstraße

Waltherpark, Joachimsbrunnen

Minnesänger waren Dichter, Komponisten und vortragende Sänger. Mit Walther von der Vogelweide (1170–1230) erlebte der Minnesang seinen Höhepunkt.

---

1 Waltherpark

Zwischen dem Inn und der malerischen Kulisse des alten Stadtteils St. Nikolaus erstreckt sich dieser Park, der älteste Stadtpark Innsbrucks. Der Namenspatron des Parks war der berühmte **Minnesänger** Walther von der Vogelweide. Dieser mittelhochdeutsche Dichter ist gewissermaßen der Inbegriff des formvollendeten Minnesangs. Am östlichen Ende des Parks sieht man sein Denkmal, eine große Statue aus Eisenerz aus der 2. Hälfte des 19. Jhs. Auf wuchtigen **Porphyr**blöcken thront der metallene Minnesänger und überblickt souverän den gesamten Platz. Wäre nicht ein hoher Baum im Wege, so hätte er den Hl. Joachim genau im Visier, einen Priester, der meist mit dem Marienkind auf dem Arm dargestellt wird. Der Heilige aus Marmor steht auf einer Säule, die in der Mitte von einem schwungvollen Delphin geschmückt ist und an deren Fuß ein Wasserbecken in Form einer Muschel angebracht ist. Becken und Statue sind Arbeiten aus dem frühen 18. Jh. und sollten ursprünglich in der Maria-Theresien-Straße stehen. Erst im Jahre 1851 versetzte man den Brunnen hierher. Auch ein kleiner Trinkwasserbrunnen findet sich im Zentrum des Waltherparks – aus diesem sprudelt den ganzen Sommer über ununterbrochen ein Strahl frischen Quellwassers.

2 Domplatz

Wer innerhalb der gut besuchten und betriebsamen Altstadt etwas Ruhe genießen möchte, der möge sich auf eine der Holzbänke am Domplatz setzen und von dort aus die wunderbar geschwungene Fassade des Doms zu St. Jakob auf sich wirken lassen. Seit 1180 gab es an dieser Stelle nachweislich eine Kirche, die in den späteren Jahrhunderten und Epochen kontinuierliche Umbauten, Erweiterungen und Veränderungen erfuhr. Als man den Platz im Jahre 1723 anlegte, war man bestrebt, der

Domplatz

*Im Text auf Seite 29 oben werden mehrere
Häuser am Domplatz erwähnt.*
Trage die Hausnummern in der Skizze ein!

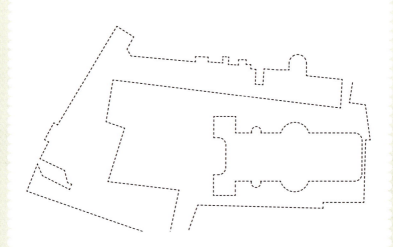

Kirchenfassade höchstmögliche Wirkung zu verleihen, was den Abriss von drei Altstadthäusern notwendig machte. Verblieben sind wunderbare drei- bis viergeschossige Bauten: Das Brixnerhaus aus dem 17. Jh. (Nr. 2), das ehemalige »Kaiserspital« oder Altersheim (Nr. 3), das ehemalige Gefangenenhaus (Nr. 4), die Pfarr-Singschule, das heutige bischöfliche Wohnhaus (Nr. 5) und das Gebäude der Propstei (Nr. 6). Vor diesem Ensemble legte man eine kleine grüne Insel mit Sitzbänken und einem Brunnen an. In der Weihnachtszeit findet hier die große hölzerne Stadtkrippe von Rupert Reindl ihren Platz – abseits des Christkindlmarktes, der sein unzählige Düfte und Klänge verströmendes Treiben traditionsgemäß vor dem Goldenen Dachl entfaltet.

3 Platz vor der Hofburg

Geht man durch eines der schmalen, den Dom rechts und links flankierenden Gässchen, erblickt man einen weiteren prunkvollen Bau: die Kaiserliche Hofburg. Die Rückseiten beider Bauten verschmelzen gewissermaßen, ein Zeichen für die enge Verbindung zwischen Adel und Geistlichkeit. Zwei Durchgänge münden in den Rennweg, der seinen Namen vom ehemals der Hofburg vorgelagerten Rennplatz erhielt. Tritt man aus einem dieser Portale und überquert den Rennweg, so fällt der Blick auf einen Brunnen, der von einer mächtigen Reiterstatue Erzherzog Leopolds V. bekrönt wird. Die Statik des Tieres war eine technische Höchstleistung. Das Pferd war nämlich nicht mit drei Beinen im Postament verankert, wie bei den Reiterstatuen aus dieser Zeit üblich, sondern lediglich mit den beiden Hinterbeinen. Unterhalb von Pferd und Reiter sind vier Muschelschalen angebracht, die von tanzenden **Putten** getragen werden. Weitere fast lebensgroße, bronzene Götterfiguren finden sich am Sockel (Neptun und Triton) und am Beckenrand sitzend (Ozeanus, Diana, Amphitrite und die Moosnymphe). Diese Brunnenfiguren

Leopoldsbrunnen

Hast Du die bronzenen Vorbilder für diese Figuren am Leopoldsbrunnen schon gefunden?
Male sie aus!

Woher bezieht der Bozner Platz seinen Namen?

- Dieser Stadtteil gehörte früher zu Südtirol.
- Man gelangt von hier direkt nach Bozen.
- 1363 wurde in Bozen die Schenkungsurkunde übergeben, durch die Tirol zu Österreich fiel.

durchlebten eine bewegte Vergangenheit. Der stramme Andreas Hofer wollte die unbekleideten Figuren sogar einschmelzen lassen, was zum Glück jedoch verhindert wurde. Den heutigen Standort nimmt der Leopoldsbrunnen erst seit 1894 ein; die Originale der bronzenen Götterfiguren hat man vor einigen Jahren ins Tiroler Landesmuseum Ferdinandeum gebracht.

4 Bozner Platz

Einen zentralen Knotenpunkt Innsbrucks bildet der Bozner Platz als Verbindung zwischen dem Innsbrucker Bahnhof und der Innenstadt. Tausende Pendler aus allen Teilen Tirols und natürlich zahlreiche Touristen überqueren täglich diesen Platz. Nicht zu vergessen die vielen ihn von allen Seiten umkreisenden Autofahrer. Ursprünglich trug er den Namen »Margarethenplatz«, in Erinnerung an die letzte Tiroler Landesfürstin Margarethe Maultasch, die 1363 das Land Tirol an die österreichische Adelsfamilie der Habsburger übergab. Herzog Rudolf IV. durfte damals diese historisch bedeutsame Schenkung in Bozen entgegennehmen. Anlässlich des 500-Jahr-Jubiläums der Vereinigung Tirols mit Österreich, bezog man sich auf dieses Ereignis und stellte den Rudolfsbrunnen ins Zentrum des Platzes.

Bozner Platz mit Rudolfsbrunnen.
Die bronzenen Brunnenfiguren stammen vom Imster Bildhauer Johann Grissemann.

Margarethe von Tirol-Görz wurde 1318 geboren. Nach dem Tod ihres Gemahles und ihres Sohnes vermachte sie Tirol den Habsburgern. Sie starb 1369 in Wien. Für ihren Beinamen »Maultasch« gibt es keine eindeutigen Erklärungen.

5 Stadtforum

Nicht alle Plätze in Innsbruck können auf eine lange Historie zurückblicken. So wurde etwa das Stadtforum erst vor ungefähr zwei Jahren im Zuge des großen Umbaus der Bank für Tirol und Vorarlberg (BTV) gestaltet, und die ehemalige Gilmstraße verwandelte sich in eine Fußgängerzone mit Gastgärten und steinernen Bänken zum Verweilen. Besonderes Augenmerk verdient der wunderschöne Bodenbelag des Forums, für den man Quarzitsteine aus der Schweiz nahezu parkettbodenartig verlegt

Stadtforum

Sowohl am Stadtforum als auch am Sparkassenplatz gibt es keinen Brunnen. Eigentlich schade, oder?
Welcher Brunnen würde dir dort gefallen?
Zeichne ihn!

 Am Stadtforum siehst du ein altes Schulgebäude.
Was ist heute darin untergebracht?

hat. Am Stadtforum/Ecke Erlerstraße befindet sich Innsbrucks einziges Kaffeehaus nach »Alt-Wiener-Art«, das Café Central.

6 Sparkassenplatz

Diese Anlage hat zahlreiche Umgestaltungen über sich ergehen lassen müssen, die letzte im Jahre 2005. Die Namensgebung weist auf ein Bankhaus hin, das an der östlichen Ecke des Platzes untergebracht ist. Im Anschluss an das Bankhaus ist ein bemerkenswertes Gebäude mit einer begrünten Fassade zu sehen. Ein schöner Ausgleich für die ansonsten ohne Grünwuchs auskommende Platzgestaltung. Wo im Sommer Kaffeehaustische und Sonnenschirme aufgestellt sind, tummeln sich von Mitte November bis Ende Januar eislaufende Menschen, denn am Sparkassenplatz findet sich seit Jahren ein von der Stadt eingerichtetes Kunsteislaufareal. Ideal für in der Stadt wohnende Familien oder Besucher, die sich kurz sportlich betätigen wollen, denn man kann sich direkt am Platz ein passendes Paar Eislaufschuhe ausleihen und schon geht's los!

7 Adolf-Pichler-Platz

Dem ehemaligen städtischen Spital an der Maria-Theresien-Straße war ein Friedhof recht ansehnlichen Ausmaßes angefügt, der von der Spitalskirche bis etwa zur Colingasse reichte. 1856 wurde dieser Friedhof aufgelassen und – im westlichen Teil des Areals – der »Carl-Ludwig-Platz« errichtet, benannt nach dem letzten österreichischen Erzherzog, der Mitte des 19. Jhs. ein paar Jahre in Innsbruck residierte. Doch Plätze scheinen das ideale Objekt für Umbenennungen zu sein und so entschied man sich im Jahre 1930 für einen neuen Namenspatron: Adolf von Pichler, Tiroler Dichter und Geologe. Seine überlebensgroße Statue thront inmitten der Grünanlage und

Das Spitalstor (auch Vorstadttor genannt) bekam seinen Namen nach dem aus Hygienegründen außerhalb der Stadtmauern gelegenen Krankenhaus. Heute erinnert an diesen um 1300 gegründeten Gebäudekomplex nur noch der Name der Kirche am Beginn der Maria-Theresien-Straße: Spitalskirche. Die moderne Klinik befindet sich viel weiter außerhalb in der Nähe der Alten Universität.

Adolf-Pichler-Platz

***Drei Straßen, die in den Adolf-Pichler-Platz münden,
sind jeweils nach berühmten Männern benannt:***

> Die F............................
> erinnert an einen Historiker
> und Reiseschriftsteller.

> Die C............................
> würdigt den flämischen Bildhauer,
> der für Maximilian I. arbeitete.

> Der S............................
> verlieh der aus Absam stammende
> Geigenbauer den Namen.

***Mit dem Wort »MARKT« lassen sich Wortpaare bilden.
Dir fallen sicher viele ein.***

Flohmarkt

Markt ....

.... markt

.... markt

.... markt

Markt ....

Markt ....

Marktfrau

Markt ....

Dominique Perrault, 1953 in Frankreich geboren, wurde 1984 durch den Bau der Hochschule ESIEE in Paris bekannt. Mittlerweile besitzt er Architekturbüros in Paris, Berlin, Luxemburg, Barcelona und in den USA. Zu seinen berühmtesten Bauten zählen u.a. die Französische Nationalbibliothek und die Olympische Schwimm- und Radsporthalle in Paris. In Wattens in Tirol baute er für eine Handelskette zwei Supermärkte.

widersetzte sich beharrlich der Umgestaltung, die der Platz in den Jahren 2000–02 über sich ergehen lassen musste. Im Zuge des großen Rathausneubaus an der Ostseite des Platzes schien die alte Gestaltung nicht mehr zeitgemäß und so erhielt der Adolf-Pichler-Platz sein heutiges Aussehen, das vom Gegensatz zwischen Alt und Neu geprägt ist: Im Norden und Westen von stattlichen, teilweise mit **Stuck** verzierten Bürgerhäusern aus der Zeit um 1880 umrahmt, und im Osten von dem modernen Bau des berühmten französischen Architekten Dominique Perrault, in dem Teile der Stadtverwaltung untergebracht sind, begrenzt.

8 Marktplatz

In Innsbruck fand das wirtschaftliche Treiben lange Zeit unter den Lauben in der Herzog-Friedrich-Straße statt, bis 1679 eine neue Marktordnung erlassen wurde. Diese sah vor, dass sich künftig das Geschäft der Markthändler außerhalb der Altstadt, genauer gesagt vor dem einstigen Pickentor am Innrain, zu entfalten hatte. Eine offensichtlich zukunftsträchtige Maßnahme, denn im Jahre 1765 kürte die Stadtführung diesen Abschnitt des Innrains bis hin zur St. Johann-Nepomuk-Kirche offiziell zum Marktplatz. Das Treiben der Händler spielte sich bis Anfang des 20. Jhs. ausschließlich unter freiem Himmel ab. Im Jahre 1914 errichtete man eine erste Markthalle, die den Bomben des Zweiten Weltkriegs zum Opfer fiel und später wieder aufgebaut wurde. Heute ist die Markthalle der Inbegriff für frische bäuerliche Produkte und speziell samstagvormittags ein beliebter Treffpunkt der Innsbrucker.

Ursulinenkirche mit Kloster

Am Schnittpunkt zwischen Marktgraben und Innrain befindet sich das ehemalige Ursulinenkloster mit dazugehöriger Kirche. Um 1700 wurde es von Johann Martin Gumpp unter Mithilfe seiner Söhne Georg Anton und Johann Martin d. J. errichtet. Kloster und Kirche werden heute als Veranstaltungszentrum genutzt.

Der Verdienst des im Jahre 1691 nach Innsbruck berufenen Schwesternordens beruht in der speziellen Ausbildung von Mädchen; eine Thematik, der man sich zuvor nicht in dieser Form gewidmet hat. Aus dem Schulzweig der Ursulinen wurde im Lauf der Jahrhunderte eine der beliebtesten Mädchenschulen des Landes.

Route 4

Innsbruck, einmal tierisch!

Früher gehörten Tiere wie selbstverständlich zum Stadtbild. Als Nutztiere in den Ställen hinter dem Haus, als Reittiere zum Transport von Menschen oder Waren und natürlich als Haustiere zum Schutz gegen Ungeziefer oder Einbrecher. Wenn heute die Sprache auf Tiere in einer Stadt kommt, so denkt jeder zuerst an einen Zoo. Tatsächlich gibt es in Innsbruck einen überaus sehenswerten: den auf halber Höhe über der Stadt gelegenen Alpenzoo. Dorthin gelangt man auf einem nicht allzu steilen Fußweg oder mit einer Bahn direkt vom Innufer aus. Zu sehen sind nur Tiere, die in den Alpen heimisch sind bzw. die es einmal waren, vom Braunbär über den Fischotter bis hin zum Bartgeier. Ein lohnenswerter Ausflug, den man am besten bei schönem Wetter unternimmt, denn die meisten Gehege befinden sich im Freien und der Blick auf die Stadt ist traumhaft schön! Doch dieser Rundgang will sein Augenmerk auf etwas ganz anderes legen: Vom Ausgangspunkt bei der Innbrücke aus geht es in der Stadt auf die Suche nach Tieren aus Stein, Metall oder Farbe.

Marktplatz

Die Ottoburg, 1234 erbaut, gehörte ursprünglich zum Inntor und ist eines der ältesten erhaltenen Gebäude der Altstadt.

Mariahilf mit Nordkette

Die Innbrücke ist die Verbindung zwischen dem ehemaligen Anpruggen (Abb. oben) und der Altstadt (Abb. unten). 1180 aus Holz errichtet, im Jahre 1870 durch eine Eisenfachwerkkonstruktion und 1981/83 durch die jetzige Betonbrücke ersetzt.

Blick auf die Altstadt

Wirtshausschilder beim »Vier-Viecher-Eck«

1 Innbrücke

Bei der sog. Ottoburg mit den auffallend rot-weiß-rot gestreiften Fensterläden, da wo sich einst das mächtige Inntor befand, spähen zwei verwegen schauende Männer – Tiroler Freiheitskämpfer von 1809 – über den Inn (Figurengruppe »Vater und Sohn« von Christian Plattner, 1904). Man weiß nicht so recht, nach wem sie Ausschau halten, nach einem Feind, der sich der Stadt nähert, nach wilden Tieren im Gebirge oder vielleicht nach der Frau Hitt, jener Sagengestalt, die hoch oben auf ihrem Pferd dahin reitet. Wenn man die Zacken der Berge genau anschaut, dann kann man sie an klaren Tagen ganz deutlich erkennen. Geht man nun mitten auf die Brücke und wendet den Blick Richtung Altstadt, so reitet unvermutet eine weitere Person über den Dächern und zwar zwischen den Türmen des Innsbrucker Doms. Um diesen Reiter aus der Nähe zu sehen, müssen wir uns allerdings in das Gewirr der alten Gassen begeben.

2 Gasthaus »Goldener Adler«

In der Altstadt springt als erstes auf der rechten Seite ein farbig bemaltes Gebäude ins Auge: das alte, traditionsreiche Gasthaus »Zum Goldenen Adler«. Sein Wirtshausschild konnte im **Mittelalter** auch von Menschen »gelesen« werden, die keinerlei Schulbildung hatten; der aus Schmiedeeisen hergestellte vergoldete Adler machte es ihnen leicht. Biegt man rechts davor in die Kiebachgasse ein, so kommt man zu einer kleinen Kreuzung, die im Volksmund als »Vier-Viecher-Eck« bekannt ist. Die Erklärung dafür ist schnell gefunden: An jeder Ecke waren früher Wirtshäuser und auch, wenn es diese heute nicht mehr alle gibt, so erinnern doch die Schilder noch daran. Der hungrige Reisende konnte auswählen zwischen dem »Goldenen Löwen«, dem »Weißen Rössl«, dem »Goldenen Hirschen« und dem »Roten

Auf der Innbrücke kannst du zum Start unseres Spaziergangs eine Skizze von den Bergspitzen der Nordkette machen.
Wer Lust hat, kann auch noch die Häuserreihe von Mariahilf darunter zeichnen und dann zuhause alles mit bunten Farben anmalen.

 Hast du bemerkt, bei welchem Berggipfel es sich um die Frau Hitt handelt? Der Sage nach ist hier eine Fürstin zu Fels erstarrt, weil sie so hartherzig war und einer armen Frau statt Brot einen Stein reichte.

 In der Innsbrucker Altstadt wirst du an den Hausfassaden viele Schilder finden, die auf ein Gasthaus oder den Laden eines Handwerkers hinweisen. Notiere einige der dargestellten Tiere oder Gegenstände:

Adler«. Weit mehr als heute trafen sich aber auch die Bewohner der Stadt in den Gaststuben, da die Wohnungen früher keineswegs so gemütlich und geräumig waren wie heutzutage.

3 Goldenes Dachl

Geht man nun wieder zurück in die Herzog-Friedrich-Straße, so befindet man sich nach einigen Schritten vor dem Goldenen Dachl. Hier lassen sich viel mehr Tiere entdecken, als man auf den ersten Blick glaubt: So haben etwa die berühmten Moriskentänzer (**Reliefs** am Balkon) Affen und Hunde als Begleitung dabei. Und auch die ebenfalls aus Stein gehauenen Wappen (untere Reihe der Reliefs) oder die riesigen gemalten Fahnen kommen nicht ohne Tiersymbole aus.
Wenn man an dieser Stelle des Rundgangs das Museum Goldenes Dachl besuchen möchte, so sollten in diesem Zusammenhang natürlich die Tiere im Vordergrund stehen. Wo sie sich genau befinden, das soll nicht verraten werden. Nur so viel: Man kann Pfauen oder eine Falknerin auf der Entenjagd genauso entdecken wie Gämsen hoch oben im Gebirge. Interessant ist auch der weiße Pelzbesatz am Umhang Kaiser Maximilians auf einem seiner Porträts; dieser stammt von einem ganz kleinen Tier, das speziell gezüchtet wurde und nur von Herrschern getragen werden durfte, dem Hermelin.

Wer das Wahrzeichen Innsbrucks noch nicht kennt, kann sich zuerst bei Route 1, Seite 7 über den berühmten Erker informieren!

Der Stadtturm wurde von 1442 bis 1450 als Beobachtungs- und Aussichtsturm zum Schutz der Stadt erbaut. Von hier aus kontrollierte der Türmer bis ins 19. Jh. hinein die Umgebung. Auch ein Gefängnis war hier untergebracht. Die Höhe von 51 m war ein Zeichen für die reiche Bürgerschaft, die sich damit selbst ein Denkmal setzte.

4 Stadtturm

Genau beim Goldenen Dachl biegt die Herzog-Friedrich-Straße nach Süden – Richtung Italien – ab. Der 51 m hohe Stadtturm, der zwischen 1442 und 1450 als Rathausturm errichtet wurde, zieht den Blick nach oben. Wer ihn besteigt, hat einen wunderbaren Rundblick über Innsbruck und die nähere Umgebung. Seitlich unterhalb des Geländers reißen geschwungene Fische ihre Mäuler

Es ist der Mühe wert, die 148 Stufen empor zu steigen; man wird mit einem wunderschönen Rundblick belohnt!

Die dicken, gedrehten Bronzesäulen sind von Weinlaub umrankt.
Darin verstecken sich viele kleine Tierchen, die in einem Weinberg zu finden sind.
Kennst du alle mit Namen? Du kannst auch eines abzeichnen,
das dir besonders gut gefällt.

Reiterstatue des Hl. Jakobus d. Ä. von Hans André, 1956

Detail vom Grabmal für Erzherzog Maximilian III., 1612–1618 Landesfürst von Tirol. Der Verstorbene ist kniend und mit gefalteten Händen auf dem Baldachin dargestellt; begleitet wird er vom hl. Georg und einem kleinen Drachen. Der Entwurf stammt von Caspar Gras, den Bronzeguss führte dessen Schüler Heinrich Reinhardt aus.

Leopoldsbrunnen, zwischen 1622 und 1630 im Auftrag von Erzherzog Leopold V. von Caspar Gras entworfen, von den Brüdern Reinhardt ausgeführt.

weit auf, deren eigentliche Aufgabe erst bei Regen deutlich wird: Sie leiten das Wasser ab, damit es nicht an der Mauer herunter läuft.

5 Der Dom zu St. Jakob

Von Wasserspeier zu Wasserspeier führt uns der Weg durch die Pfarrgasse zum Dom. Dessen Wände werden ebenfalls vor Durchfeuchtung geschützt und zwar durch je vier Adler, die mit weit ausgebreiteten Flügeln an den Türmen angebracht sind. Beim Blick nach oben entdeckt man über der imposanten Fassade auch den Reiter wieder, der schon von der Innbrücke aus zu sehen war. Es handelt sich dabei um den Hl. Jakob, den Schutzpatron der Kirche.

Der Dom selbst wirkt in seinem Inneren wie ein riesiges Museum. Alles fügt sich hier zu einem harmonischen Ganzen zusammen: Die Wandverkleidungen aus Stuck und Marmor, die riesigen Deckengemälde, der versilberte Hochaltar mit dem weltberühmten Gnadenbild der Muttergottes mit dem Jesuskind von Lukas Cranach d. Ä. (1472–1553) und, und, und ... Viele berühmte Künstler haben hier gearbeitet. Doch wer weiß schon, dass sich unter der hohen Kuppel sogar unzählige kleine Insekten eingenistet haben? Sie halten sich in den gedrehten Bronzesäulen versteckt, die den Baldachin eines Grabmals links vorne beim Hochaltar tragen. Wenn man genau hinschaut, dann entdeckt man im Weinlaub lauter Tiere, die im Weinberg zu finden sind.

6 Leopoldsbrunnen

Durch einen Seitenausgang des Doms und weiter durch die hinteren Durchgänge der Kaiserlichen Hofburg kommt man hinaus aus dem Bereich der mittelalterlichen Altstadt und gelangt hinüber zum Landestheater. Schräg davor steht eine monumentale Brunnenanlage. Hoch über dem wie eine Muschel gestalteten

Einige der Figuren am Beckenrand des Leopoldsbrunnens werden von Tieren begleitet. Diese sind in der nachfolgenden Liste versteckt.
Streiche einfach diejenigen an, die du findest!

Kuh — Ziege — Adler — Bär — Delphin — Katze — Hahn — Drache — Nashorn — Henne — Tiger — Löwe — Hase — Kranich — Schlange — Schaf — Fisch — Muschel — Wolf — Wal — Krähe — Schildkröte — Maus — Schmetterling — Gämse — Elefant — Biber — Hirsch — Ente — Otter — Marder — Steinbock

Leopoldsbrunnen, Reiterstatue

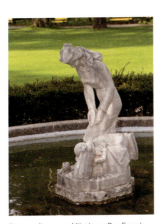

Brunnenfigur zum Märchen »Der Froschkönig«, Albert Lanner 1948, Marmor

Hinweis: Im Winter sind die Brunnen abgedeckt als Schutz gegen den Frost!

Wasserbecken, aus dem sich im Sommer ein Perlenvorhang an Wassertropfen ergießt, reitet Erzherzog Leopold, besser gesagt: er führt uns sein Pferd vor, wie es nur auf seine Hinterhufe gestützt eine sog. »Levade« macht. Diese Haltung ist für Tier und Reiter schon schwierig genug; für den Bronzegießer allerdings war es eine ungeheure Herausforderung, die er bravourös gemeistert hat. Er soll der erste gewesen sein, dem dieses Kunststück gelang.

7 Brunnen im Hofgarten

Bei schönem Wetter sollte man unbedingt noch in den nahe gelegenen Hofgarten gehen, der übrigens erst seit 1809 für die Öffentlichkeit zugänglich ist. Vorher war er Jahrhunderte lang den Herrschern vorbehalten. Abgesehen davon, dass dieser mit exotischen Pflanzen angelegte Park in fast jeder Jahreszeit zum Schlendern einlädt, so finden wir dort auch zwei hübsche kleinere Brunnen. Beim ersten steht mitten in einem barocken Bassin eine Prinzessin, der ein aus dem Wasser steigender Frosch einen großen Ball reicht. Um welches Märchen es sich hier handelt, ist leicht zu erraten ...

Vorbei am Musikpavillon, einem ehemaligen kaiserlichen Gartenhaus von 1733, neben dem man mit großen Figuren Schach spielen kann, kommt man zu einem zweiten Wasserbecken. Hier spritzt das kühle Nass in hohem Strahl aus einem riesigen Fischmaul, um das sich ein mit unzähligen Schuppen verzierter, aus rotbraunem Stein gehauener Fischkörper ringelt. Ob es sich hier auch um eine Märchenfigur handelt oder doch eher nur um eine Dekoration?

Wenn man den großen Spielplatz nicht schon beim Betreten des Hofgartens bemerkt hat, wird man ihn spätestens beim Rückweg zur Altstadt entdecken. In jedem Fall kann man hier eine Pause einlegen; Tiere zum Spielen gibt es genug.

Die Sphinx ist ein bekanntes Mischwesen: halb Mensch, halb Löwe. Es gibt aber auch noch andere, etwa die Meerjungfrau, den Kentaur und den Satyr.
Welche Körperhälften gehören zusammen?

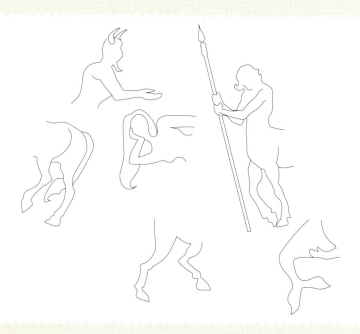

 Auf einem großen, bunten Zeichenblatt lässt sich aus gerissenem Buntpapier oder gepressten Herbstblättern ein Tier kleben. Dabei sind der Phantasie keine Grenzen gesetzt. Einen lustigen Namen sollte es natürlich auch bekommen!

8 Tiroler Volkskunstmuseum

Nicht nur dann, wenn es regnet oder schneit, lohnt sich ein Besuch des Tiroler Volkskunstmuseums direkt neben der Hofkirche. Auf der Suche nach Tieren wird man bei zahlreichen Ausstellungsstücken fündig … Auf Möbeln, Stoffen, Gürteln usw. kreucht und fleucht es nur so. Auf keinen Fall sollte man vergessen, die berühmten, aus Holz geschnitzten Grödner Figuren zu suchen.

9 Tiroler Landesmuseum Ferdinandeum

Sphinx am Eingang zum Tiroler Landesmuseum Ferdinandeum

Wer sich mehr für fremde Kulturen interessiert, den locken sicher die zu beiden Seiten des klassischen Portals des Ferdinandeums lagernden Gestalten – halb Mensch, halb Löwe. Alle, die einmal etwas von Ägyptischer Kunst gehört haben, kennen den Namen eines solchen Mischwesens: Sphinx. Im Museum selbst gibt es keine Objekte aus dem Land am Nil. Das Haus beherbergt archäologische Funde aus Tirol sowie Gemälde und Statuen vom Mittelalter bis in die Moderne. Besonders interessant sind die Original**reliefs** vom Goldenen Dachl; da kann man z.B. die putzigen Affen aus der Nähe bewundern.

 Dreiheiligen

10 Museum im Zeughaus

Wer jetzt immer noch nicht genug »Tierisches« entdeckt hat, der kann sich noch in der Sammlung des Museums im Zeughaus umschauen. Neben Versteinerungen, einem Mammutzahn oder dem Skelett eines Höhlenbären finden sich auch gemalte, gegossene und aus Glas geblasene Tiere. Langweilig wird es einem da sicher nicht.

Route 5

Familien-G'schichten

Das Erscheinungsbild historischer Städte wird wesentlich von prächtigen Patrizierbauten, Ansitzen und Palais geprägt. So auch in Innsbruck. Herrscher, Adel, Großbürgertum, zu Geld gekommene Familien – all diese errichteten im Laufe der Jahrhunderte ihre Wohnbauten, die heute noch das Stadtbild entscheidend beeinflussen und über die Stadtgeschichte einiges zu berichten wissen. Beginnen wir mit den Grafen von Andechs, einer adeligen Familie aus Bayern, die Ende des 12. Jhs. die verkehrs- und handelstechnisch günstige Lage des Innsbrucker Beckens erkannte. So trat Berthold von Andechs mit den Klosterherren von Wilten in Verhandlungen, die 1180 in einem Tauschvertrag gipfelten, wonach die Andechser über das Areal der heutigen Innsbrucker Altstadt und den Innrain gebieten durften.

Marktplatz

Im Innenhof des Andechshofes stößt man auf eine in den Boden eingelassene Glasplatte, durch die man einen Blick auf ein Stück unverputzte Mauer, einen Überrest der äußeren Zwingermauer der Burg, erhaschen kann.

1 Andechshof

Am strategisch günstigen südlichen Ende der Innbrücke ließen sich die Grafen der Andechser eine Wohnburg erbauen, von der aus sie eine Stadtmauer um ihr neues Territorium zogen. Mehrere Tore gewährleisteten den Eintritt. Das Anwesen der Andechser wurde um 1420 zu einem Waffenlager umfunktioniert – es diente als inneres Zeughaus, im Gegensatz zu dem an der Sill gelegenen äußeren Waffenarsenal. Um 1850 trug man die alte Wohnburg ab und zog an dieser Stelle eine Kaserne auf. Zur Zeit befindet sich darin der Amtssitz des Landesschulrates für Tirol.
Von der ursprünglichen Stadtburg der Andechser bekommt man heute nur mehr wenig zu sehen.

2 Kaiserliche Hofburg

Fassade der Kaiserlichen Hofburg

Im Jahre 1363 kam Tirol zu Österreich und somit unter die Regentschaft der Habsburger. Was den Andechsern als repräsentativer Wohnsitz lieb und gut war, fand vor den Augen der Familie der Habsburger keine Gnade. Herzog Friedrich IV. mit dem wenig vorteilhaften Beinamen »mit der leeren Tasche« errichtete sich seine Residenz im »Neuen Hof«, dem um 1500 ein Prunkerker, das Goldene Dachl, vorgebaut wurde. Auch dieser Ansitz sollte bald nicht mehr genügen und so gab Friedrichs Sohn, Erzherzog Sigmund »der Münzreiche« um 1460 im Osten der Altstadt den Bau der Hofburg in Auftrag, dem Kaiser Maximilian I. 1496/99 den berühmten »Wappenturm« anfügen ließ. 1756, anlässlich eines neuerlichen Umbaues der Hofburg unter der berühmten Herrscherin Maria Theresia, trug man den Turm weitestgehend ab. Wie die anderen Herrscher zuvor, bezog sie niemals einen dauerhaften Wohnsitz in der Hofburg. Die Regentin verwandelte die Hofburg in das heute noch bestehende Rokoko-Stadtschloss und verlieh Innsbruck damit den Glanz einer österreichischen Residenzstadt.

Maximilians Hofmaler Jörg Kölderer stattete den Wappenturm mit 54 Wappen aus, die das weitläufige Reich Maximilians, das nicht zuletzt aufgrund seiner ausgeklügelten Heiratspolitik zustande kam, sichtbar machten.

Ein Stammbaum ist eine bildliche Darstellung aller Verwandten.
**Trage in das unterste Feld deinen Namen ein
und in die übrigen die Namen deiner
Eltern und Großeltern usw.**

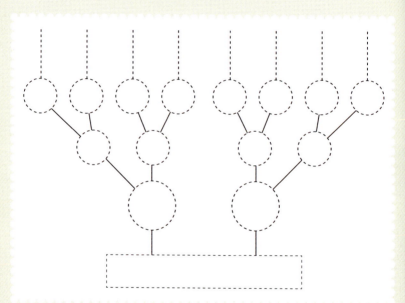

 Vornehme Familien legten größten Wert auf ihre Herkunft.
Ein besonders schönes Beispiel für einen Stammbaum findet sich
im Andreas-Hofer-Zimmer der Kaiserlichen Hofburg.

Hofburg, Riesensaal

Der bemerkenswerteste Innenraum ist der Riesensaal, so benannt nach dem einstigen Wandschmuck, der die berühmte Herkulessage erzählte. Heute sind die Wände des Saales mit Porträts der Verwandtschaft Maria Theresias ausgestattet: Sie nannte diesen Raum auch »Familiensaal«. Hier finden immer noch glanzvolle Feste oder Konzerte statt. Im Erdgeschoss der Hofburg kann man eine Dependance des weltberühmten Kaffeehauses Sacher besuchen und ein Stück der legendären Schokoladentorte genießen.

Ende des 17. und Anfang des 18. Jhs. verließen viele Adelige ihre Burgen, um sich in den Städten anzusiedeln. Die Landeshauptstadt lockte mit gut bezahlten und einflussreichen Ämtern. Natürlich hatten schon früher adelige Familien Stadtwohnungen gehalten, damals aber noch innerhalb der Stadtmauern. Bei den nun nach Innsbruck zugezogenen Adeligen handelte es sich keineswegs nur um solche aus alten angesehenen Geschlechtern; vermehrt hat man es mit einem neuen Adel zu tun, wohlhabende Händler oder Gewerkenfamilien, die vom Landesfürsten in den Adelsstand erhoben wurden. So wurden aus den Herren Fugger, Tannauer und Wagner im Handumdrehen die Grafen Fugger, Tannenberg und Sarnthein. Man kann sich vorstellen, dass die prächtigen Stadthäuser bald zu Barockpalais wurden. So entstand in den großen, außerhalb der Altstadt neu angelegten Straßenzügen, vor allem in der sog. Neu- oder Vorstadt, eine große Anzahl an barocken Adelshäusern. Die meisten sind in der Maria-Theresien-Straße zu finden.

Die ehemalige »Neustadt« in der Verlängerung der Herzog-Friedrich-Straße Richtung Süden wurde bald zur Geschäftsstraße und ist bis heute Innsbrucks Prachtstück: die Maria-Theresien-Straße.

3 Landhaus und
4 Palais Fugger-Taxis

Das prächtigste Profangebäude Tirols, das »Alte Landhaus«, wurde 1725/28 von Georg Anton Gumpp als würdiger Amtssitz

Ordne die Begriffe dem Gebäude auf dem Foto zu!

Giebel — Erker — Balkon
Säule — Gesims — Eingang

Sitzungssaal des Landhauses

der selbstbewussten Tiroler Landstände erbaut. Jetzt sind darin u.a. das Büro des Landeshauptmannes sowie der Sitzungssaal des Landtags untergebracht. In diesem barocken Raum verschmelzen Architektur, Malerei und Plastik in herausragender Weise miteinander. Die **Fresken**, eine Arbeit des Malers Cosmas Damian Asam, zeigen **Allegorien** der Tiroler Täler. Das Gebäude verfügt auch über eine eigene Kapelle, die 1730 geweiht wurde und in der heute zur Osterzeit ein prächtiges Ostergrab Aufstellung findet.

Gleich neben Innsbrucks monumentalstem Barockbau erstreckt sich der älteste Barockpalast der Stadt, das 1679–90 im Auftrag der reichen Kaufmannsfamilie der Fugger errichtete Palais Fugger-Taxis. Es wird dem Baumeister Johann Martin Gumpp d. Ä. zugeschrieben und erinnert mit seiner Fassade stark an italienische Vorbilder. Der Baumeister schuf damit einen **Prototyp** des barocken Profanbaus, dem er die Palais der Familien Sarnthein, Troyer-Spaur, Ferrari und Trapp folgen ließ. Der prächtige Ansitz ging durch viele Hände, wie eine Tafel neben dem Hauptportal berichtet. Ab 1784 durfte sich die in den Grafenstand erhobene Familie der Taxis an dem Gebäude erfreuen. Die Taxis galten als »Generalpostmeister«. Für Kaiser Maximilian I., für den ein länderübergreifender Nachrichtendienst unerlässlich war, zogen sie 1490 einen ersten Postdienst in Stafettenform mit Reiter- und Pferdewechsel auf. So war auch im Palais Taxis eine Poststation eingerichtet.

1905 erwarb die Tiroler Landesregierung das Palais und richtete u.a. im Parterre eine Galerie für zeitgenössische Kunst ein – die Galerie im Taxispalais.

5 Trapp-Palais

Eine weitere Arbeit Johann Martin Gumpps d. Ä. ist das ebenfalls sehr italienisch anmutende Palais Trapp. Ein erster Bau an dieser Stelle, die »Wolkenburg«, stammt aus dem Jahr 1625. Um 1700 erfolgte der Umbau zum Palast nach italienischem Vorbild: ein dreiflügeliger Bau mit rechteckigem Hof, barockem Garten und

Trage Begriffe ein, die zum Thema »Post« passen!

Briefträger

Postkutsche

Das Palais Trapp beherbergt u.a. das Italienische Kulturinstitut, das Sprachkurse, Vorträge und Filmabende anbietet.

Palais Sarnthein

H Landesmuseum

Gartenhäuschen. Im Jahre 1804 schließlich erwarben es die Grafen Trapp, denen es noch immer gehört. Im idyllischen Innenhof ist heute neben einigen Geschäften ein Café untergebracht, in dem man abseits des umtriebigen Stadtgeschehens in aller Ruhe eine Stärkung zu sich nehmen kann.

6 Palais Sarnthein (Peterlongohaus)

Das südliche Ende der Maria-Theresien-Straße markiert die Grenze zwischen Innsbruck und Wilten, wie ein Grenzstein am Gasthof Krone bezeugt. Gleich gegenüber der traditionsreichen Gaststätte findet sich ein weiteres, lang gestrecktes Palais: das der Grafen Sarnthein. David Siegmund Graf Sarnthein d. J. ließ 1671–86 zwei dort befindliche Bürgerhäuser zu einem stattlichen Ansitz umbauen. Ursprünglich eine erfolgreiche Weberfamilie aus Augsburg, wurden die Sarntheins 1681 in den Grafenstand erhoben; zuvor hießen sie schlicht Wagner. Nach zahlreichem Besitzerwechsel ab dem 19. Jh. gelangte der Ansitz 1868 in die Hände des Kaufmannes Johann Peterlongo, dessen Nachfolger sich heute noch daran erfreuen. Im Jahre 1869 wurde das Palais aufgestockt und verlor dadurch viel von seiner früheren Pracht. Im zweiten Stock des Hauses sind die sog. Repräsentationsräume untergebracht, zwei wunderbare große Zimmer mit Stuckdecken, wo einst die Grafen von Sarnthein rauschende Feste gegeben haben mögen. Seine besondere Noblesse erhält das Palais durch die unmittelbare Nachbarschaft zur gegenüber liegenden Triumphpforte.

7 Palais Pfeiffersberg

Aufgrund des lauten Verkehrs ist der Passant froh, die schmale Sillgasse möglichst schnell hinter sich zu lassen, doch eigentlich stünde

Male die Triumphpforte an!

 Nicht nur an der Triumphpforte finden sich Jahreszahlen mit lateinischen Ziffern. Damit du sie lesen kannst, haben wir die Wichtigsten hier aufgelistet.

I = 1	VIII = 8
II = 2	IX = 9
III = 3	X = 10
IV = 4	L = 50
V = 5	C = 100
VI = 6	D = 500
VII = 7	M = 1000

Seit 1897 gehört das Palais Pfeiffersberg zum Komplex des Jesuitenkollegs, zur Zeit sind dort Büros, u.a. der Tiroler Landesregierung, untergebracht.

dieser Straße mehr Beachtung zu. Immerhin beherbergt sie neben einigen sehr schönen Bürgerhäusern auch Innsbrucks Synagoge. Der ehemalige Ansitz Angerburg wurde zwischen 1712 und 1723 im barocken Stil umgebaut. Der neue Besitzer, Johann Baptist Pfeiffer, war Verwalter eines Berg- und Schmelzwerkes im Unterinntal und wurde 1721 zum Freiherrn von Pfeiffersberg ernannt. Sein großzügiger Besitz war von Grünflächen gesäumt, wovon sich heute nur sehr Phantasiebegabte noch eine Vorstellung machen können.

8 Palais Tannenberg-Enzenberg

Ein weiteres anschauliches Beispiel liefert das Palais Tannenberg-Enzenberg. Wo einst gotische Bürgerhäuser standen, erwuchs einer der größten Ansitze Innsbrucks. Den Umbau zum Palais ließ im späten 18. Jh. Johann Paris von Wolfsthurn vornehmen, der es dann an die Schwazer Bergwerksunternehmerfamilie der Tannenberg verkaufte. In deren Besitz sollte es mehr als zwei Jahrhunderte bleiben. Die Fassade erstreckt sich über fünfzehn Fensterachsen; zwei Eingangsportale führen ins Innere. Wie bei so vielen Palais findet sich im 2. Stock, der »Beletage«, ein besonders prächtig ausgestatteter Saal.

Palais Tannenberg-Enzenberg

 Sillpark

9 Palais Ferrari

Reiche Bürger und Adelige ließen sich vorzugsweise im Stadtzentrum ihre Palais errichten. Nicht so Hieronymus Graf Ferrari d'Occhieppo. Er wählte einen damals etwas scheel angesehenen Stadtteil für seinen Ansitz: »Dreiheiligen«. Diese Gegend galt im Volksmund als das »Pestviertel«, denn seit dem 16. Jh. war es üblich, die an Pest erkrankten Mitbürger in einem Siechenhaus, das exakt neben dem Palais in der Weinhartstraße 2 lag, unterzubringen. Man könnte meinen, es handelte

Das Palais Tannenberg-Enzenberg hat zwei wunderschöne Portale. Welches gefällt dir besser?
Zeichne es!

Das Palais Ferrari erfuhr in den Jahren 1968–71 Erweiterungen durch den bekannten Tiroler Architekten Hubert Prachensky.

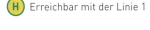 Erreichbar mit der Linie 1

sich beim Grafen um einen recht furchtlosen Menschen, doch seine Wahl hatte einen schlagenden Grund: d'Occhieppo erhielt 1686 den Baugrund von Kaiser Leopold I. geschenkt! Um aber keinesfalls mit den Kranken in Kontakt zu kommen, umgab er sein Palais mit einer beachtlich hohen Steinmauer. Über acht Generationen hinweg blieb es im Besitz der Grafen, bis es 1893 zum Militärspital und 1922 zur Schule umfunktioniert wurde. Die Ferrarischule galt – und gilt heute noch – als Inbegriff einer idealen Ausbildungsstätte für Mädchen.

10 Saggen

Von Dreiheiligen gelangt man in einen architektonisch bemerkenswerten Stadtteil, den Saggen. Auf alten Ansichten aus dem frühen 19. Jh. sieht man noch Wiesen und Felder, erst ab ca. 1860 wird dort gebaut. Dieser Stadtteil gliedert sich in den sog. »Villensagen«, wo sich vorwiegend das gehobene Bürgertum ansiedelte, und den östlich anschließenden »Blocksaggen«, ein Beispiel für städtischen Wohnbau. Flaniert man durch den Villensaggen, der sich zwischen Claudia-, Conrad- und Falkstraße erstreckt, fühlt man sich heute noch in die Gründerzeit versetzt: Villa neben Villa, alle umgeben von teilweise wildromantischen Gärten.

In der Falkstraße bezog etwa die berühmte Theaterfamilie Exl eine im Jahre 1897 erbaute Villa im bäuerlichen Stil mit dekorativer Fassadenmalerei. Ferdinand Exl gründete 1902 die legendäre Exlbühne, die hauptsächlich von Familienmitgliedern bespielt wurde und durch die Aufführung von Volksstücken weit über die Tiroler Grenzen Bekanntheit erlangte. 1955 wurde die Bühne geschlossen.

Der bürgerliche Blocksaggen führt uns in die Gegenwart und leitet über in eine Zeit der Miethäuser, deren Wohnungen auch weniger wohlhabenden Menschen zur Verfügung standen.

Heim Exl

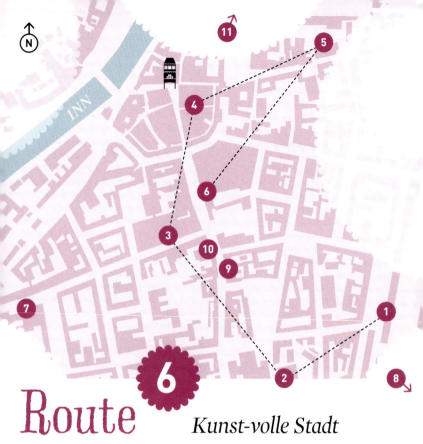

Route 6 — *Kunst-volle Stadt*

Das Verschönern und Schmücken von Bauwerken hat eine lange Tradition. Das berühmteste Innsbrucker Beispiel dafür ist das Goldene Dachl. Auch sonst ist die ganze Stadt voll mit künstlerisch wertvollen und phantasievoll gestalteten Fassaden.

Wie in allen Jahrhunderten zuvor hat man auch in der jüngeren Vergangenheit versucht, den Gebäuden nicht nur durch ihr äußeres Erscheinungsbild, sondern ebenso durch spezielle Ausgestaltung der Innenräume ein jeweils »zeitgenössisches Image« zu verleihen. Da finden sich traditionelle Techniken wie Wandgemälde neben modernsten Installationen.

Hauptbahnhof

Hauptbahnhof, Innsbruck

Das Landhaus 2 ist ein Pilotprojekt
für öffentliche Bauten, das die
unterschiedlichen Ansprüche der
Benützer – Frauen, Männer, Kinder,
ältere Menschen und Behinderte –
an das Gebäude schon während der
Projektierung berücksichtigt.

Landhaus 2, Innenhof

1 Hauptbahnhof

Wer sich der Tiroler Landeshauptstadt mit der Eisenbahn nähert, trifft in der modernen Wandelhalle des Innsbrucker Hauptbahnhofs auf erste »kunstvolle« Spuren. Dabei handelt es sich um Fresken des Tiroler Malers Max Weiler, welche bereits die alte Bahnhofshalle zierten. Zu sehen sind Ausschnitte aus der Innsbrucker Geschichte, die auf Grund ihrer abstrahierten Darstellung bei ihrer Entstehung im Jahre 1954 für einen Skandal sorgten.

2 Neues Landhaus 2

Verlässt man den Südtiroler Platz in südlicher Richtung, trifft man auf die Heiliggeiststraße und nach wenigen Schritten erreicht man das »Neue Landhaus 2«. Jede Menge Ämter und bis zu 380 Arbeitplätze sind hier untergebracht. Großzügig begrünte Lufträume und eine geräumige Eingangshalle schaffen ein angenehmes Raumklima, in dem sich nicht nur die hier Beschäftigten, sondern auch das eine oder andere Kunstwerk wohl zu fühlen scheinen.

In der zentralen Halle bewegen sich vier farbige Kugeln durch den Raum. Ernst Caramelle hat sie gegenläufig zu den vier Aufzügen montiert, lässt somit die Standorte der Aufzüge anzeigen und lädt zum Erkunden des Gebäudes ein. Die einzelnen Stockwerke wurden von Lois und Franziska Weinberger mit einer fiktiven Kartographie überzogen. Immer wieder trifft man auf ihre Landkarten und Stadtpläne und findet sich in gedachten Gegenden ebenso wieder wie an bekannten Orten. Einen roten Teppich hat Jun Yang für alle Besucher des Amtes für Staatsbürgerschaft ausgelegt und den Vorraum einladend möbliert. Wartende können hier auf einer großen Lego-Platte in Österreich-Form nach Lust und Laune Legosteine setzen. »Bin gleich zurück« oder »Hier staut sich nichts!« schreibt Andrea von Straeten auf die Rollos der Fensterfronten.

Auf den Rollos des Landhauses finden sich Nachrichten.
Welche würdest du an der Tür deines Zimmers hinterlassen?

Am besten kann man ihre witzigen bis ironischen Kommentare aus dem Büroalltag vom Innenhof der Cafeteria aus begutachten. Nach einer kleinen Stärkung geht es am nahe gelegenen Casino vorbei ins Zentrum der Stadt.

3 Rathaus

Betritt man die Rathauspassage von der Maria-Theresien-Straße kommend, führt ein breiter, von Geschäften gesäumter Korridor in das Gebäude. Bei Sonnenlicht wird der Weg mit einem bunten Farbteppich ausgelegt und auch bei schlechtem Wetter zaubern die farbigen Glasflächen eine freundliche Atmosphäre in die Einkaufsstraße. Als Teil der Architektur wahrgenommen ermöglichen die bunten Streifen des bekannten französischen Künstlers Daniel Buren ein Wahrnehmen des Raums. Bereits während der Projektphase mitgedacht und in Abstimmung mit dem ebenfalls französischen Architekten Dominique Perrault realisiert, finden sich im Rathauskomplex noch eine Reihe sehenswerter Kunstwerke. Schon von weitem sichtbar ist der von Peter Kogler gestaltete Turmbau, den ein Netz aus Röhren überzieht und von dessen Aussichtplattform man einen traumhaften Blick über die Stadt genießen kann. Der Aufstieg – dank des Aufzugs – ist komfortabler und schneller als beispielsweise beim nahe gelegenen Stadtturm. Mit einem Ohr immer am Puls der Zeit ist die deutsche Künstlerin Isa Genzken: Wie einen Lauschangriff auf das geschäftige Innsbrucker Innenstadttreiben kann man ihr überdimensionales Ohr auf der Kaminwand zur Stainerstraße verstehen. Weitere kunstvolle Annäherungen an den Ort schmücken auch andere Stellen des Gebäudes: So zeigt der Bildschirm im Eingangsbereich des Rathauses (beim Bürgerservice) im Wechsel Arbeiten von Matt Mulllican, Walter Obholzer, Eva Schlegel und Ernst Trawöger; entlang der Flure und in den Treppenhäusern finden sich zahlreiche Kunstwerke und auf die Wände des

Rathaus Galerien

Die Tiroler Landesregierung verabschiedete 1949 eine Richtlinie, die empfiehlt, bei öffentlichen Bauten 2 % der Bausumme für Kunst am Bau zu reservieren.

Isa Genzken, o.T., 2002

In seiner künstlerischen Arbeit beschränkt sich der Tiroler Peter Kogler bewusst auf wenige Motive. Ameisen, Gehirnwindungen, Röhren und Gitter finden sich auf Leinwänden, Möbeln, Galeriewänden und Fassaden wieder. Beim Innsbrucker Rathaus hat er sich für ein Netz aus Röhren entschieden.
Wie würde wohl der Turm mit einem Ameisenlabyrinth aussehen?

Die hier genannten Bauten sind von bekannten internationalen Architekten, wie Henke & Schreieck, Dominique Perrault, frank & probst architekten gebaut. Weiterführende Informationen zur Architektur in Tirol erhält man im Architekturforum aut. architektur und tirol, Lois-Welzenbacher-Platz 1.

Plenarsaales hat Heinz Gappmayr die Worte »IST« und »SIND« gesetzt – ein direkter Bezug auf die politischen Entscheidungen, die in diesem Raum getroffen werden.
Auf der Suche nach zeitgenössischen Beispielen für Kunst im Öffentlichen Raum sollte man sich einen Abstecher in die Altstadt nicht entgehen lassen. Hinter dem Stadtturm befindet sich ein sehenswerter Innenhof (→4). Umgeben von verschachtelten Gebäudeteilen und der Stadtturmgalerie kann man sich hier vom turbulenten Treiben rund ums Goldene Dachl erholen. Auf eine der Wände hat Gebhard Schatz einen Horizont montiert: keine gerade Linie, sondern die Silhouette der Nordkette.

5 SoWi-Fakultäten

Am Campus der Sozial- und Wirtschaftswissenschaftlichen Fakultäten trifft man den Tiroler Künstler Lois Weinberger wieder. Sein »Unkrautgarten« mahnt an den Umgang des Menschen mit der Natur. Wildkräuter können hier in einer künstlich geschaffenen Enklave und gesichert hinter Gittern ohne Reglementierungen wachsen.

Sozial, Hans Weigand, 1999

Im Inneren des SoWi-Baus liest man immer wieder das Wort »sozial«. Ganz der Bestimmung des Gebäudes entsprechend hat Hans Weigand es in den unterschiedlichsten Sprachen anbringen lassen. In der Dunkelheit farbig beleuchtete Schornsteine stehen für den Beitrag des Künstlers Peter Sandbichler, von dem eine weitere Intervention im Innsbrucker Stadtraum zu finden ist. Seine farbige Medieninstallation 47,16° North (→6) für die Passage von der Maria-Theresien-Straße zum Sparkassenplatz zeigt im Lauf der Jahreszeiten die täglichen Sonnenstunden in Prozentzahlen an.

Im Garten von Lois Weinberger wachsen verschiedene Kräuter:

Die **Kamille** (*Matricaria recutita*) ist eine Pflanzenart in der Familie der Korbblütler. Sie wächst in Europa und in vielen Teilen Asiens. Besonders häufig findet man sie an unbestellten Feldern und Straßenrändern. Kamille und Kamillentee wirken äußerlich gegen Entzündungen von Haut und Zahnfleisch und lauwarm getrunken gegen Beschwerden im Magen-Darm-Trakt.

Kümmel (*Carum carvi*) ist eines der ältesten Gewürze aus der Familie der Doldenblütler. Bei Ausgrabungen entdeckte Kümmelsamen lassen sich auf 3000 v. Chr. zurückdatieren. Kümmel regt den Appetit an, unterstützt die Verdauung von fetten und blähenden Speisen und wirkt lösend bei Krämpfen und Koliken der Verdauungsorgane.

Die **Schafgarbe** gehört zur Familie der Korbblütler. Ihr botanischer Name *Achillea* leitet sich ab von dem griechischen Helden Achilles, der mit dieser Pflanze seine Wunden behandelt haben soll. Ein Tee aus Schafgarben wirkt krampflösend, entzündungslindernd und magenberuhigend.

Martin Walde, Frogs, 1999/2000

7–8 Weitere »Kunst am Bau«

Bemerkenswerte Beispiele von Kunst am Bau verbergen sich auch hinter der mit »HEILKUNST« gekennzeichneten Fassade des Medizinzentrums MZA/Anichstraße (→7). Die Gänge des Gebäudes wurden von namhaften Künstlern gestaltet. Martin Walde z. B. säumt den Weg mit einer Tapete, auf der sich seine froschgrünen Frösche tummeln. Im Rondell der Fußgängerunterführung beim Olympiastadion (→8) zeigt Thomas Feuerstein ein 360-Grad-Panorama und damit einen schmalen Ausschnitt Innsbrucks. Zahlreiche Wandgemälde aus den 1950er und 1960er Jahren schmücken darüber hinaus so manches Mietshaus. Und manchmal sind auch die Werbeflächen auf den öffentlichen Verkehrsmitteln wahre Kunstwerke …

9–11 Orte für moderne Kunst

Wer sich für zeitgenössische Kunst interessiert, findet auch indoor Interessantes. Die Galerie im Taxispalais (→9) und der Kunstraum Innsbruck (→10) zeigen in immer wechselnden Ausstellungen neue internationale Kunst. Junge Tiroler Kunst entdeckt man am besten in den Spielstätten der Tiroler Künstlerschaft – im Kunstpavillon (→11) beim Hofgarten und in der Stadtturmgalerie (→4).

Route 7 — *Rund um Innsbruck*

Eine Besonderheit Innsbrucks liegt im engen Miteinander von Stadt und Natur. So blickt man fast von jedem Punkt der Innenstadt aus staunend auf die mächtigen, das weite Tal umgebenden Berge. Der folgende Beitrag führt zu einer Reihe ausgewählter Sehenswürdigkeiten in der näheren Umgebung, die großteils darauf warten, erwandert zu werden. Belohnt wird man bei diesen Spaziergängen mit imposanten Blicken auf die Stadt. Da die erwähnten Orte z. T. weit auseinander liegen, wird empfohlen, sie jeweils im Rahmen eines gesonderten Ausflugs aufzusuchen. 👉

(H) Bergisel

Der Name Bergisel leitet sich von der vor-römischen Bezeichnung burgusinus (= Berg) ab, weshalb Bergisel zusammen geschrieben wird. Funde zeugen von einer frühen Nutzung als Brandopferplatz und einer Siedlung in der Eisenzeit.

Innsbruck war Austragungsort der Olympischen Winterspiele 1964 und 1976. Herausragende Sportler der XII. Spiele 1976 waren Rosi Mittermaier mit zwei Siegen in den drei alpinen Skibewerben und Abfahrts-Olympiasieger Franz Klammer.

1 Bergisel

Verlässt man Innsbruck gegen Süden, so trifft man auf einen Berg, der in seinen geographischen Dimensionen – zumindest für Tiroler Verhältnisse – eher ein Hügel ist. Geschichtlich betrachtet stellt der Bergisel selbstverständlich bedeutend mehr als nur eine 746 m hohe Anhöhe dar. 1809 war dieser Ort Schauplatz der Tiroler Freiheitskämpfe unter Andreas Hofer. Sein Denkmal erinnert an die Zeit der Napoleonischen Kriege, ebenso wie ein noch zu entstehendes Museum. Herzstück des geplanten »Hauses für europäische Geschichte« soll neben der Sammlung der Tiroler Kaiserjäger das berühmte Riesenrundgemälde von Michael Zeno Diemer sein, welches die 3. Schlacht am Bergisel in all ihrer kriegerischen Härte zeigt.

Auch in sportlicher Hinsicht hat der Bergisel einiges zu bieten. Mit seiner weithin sichtbaren Sprungschanze ist er spätestens seit den zweimal in Innsbruck abgehaltenen Olympischen Winterspielen in aller Welt bekannt. Ursprünglich eine einfache Holzkonstruktion, dann anlässlich der Olympiade 1964 zu einer mächtigen Schanze ausgebaut, prägt seit 2002 ein eleganter Baukörper von Stararchitektin Zaha Hadid die Spitze des Bergisels. In der Nacht in immer wechselndes Licht getaucht und im Volksmund liebevoll »The Snake – die Schlange« genannt, zählt die neue Schanze mittlerweile zu den Wahrzeichen der Stadt. Sportbegeisterte können hier übrigens nicht nur während der Wintermonate Skiflieger und Skispringer beobachten; modernste Technik ermöglicht ein Trainieren auf der Schanze selbst in den Sommermonaten.

Berühmt und berüchtigt zeigt sich auch der Blick von der Sprungschanze ins Tal. Schon so manch einem wagemutigen Skispringer dürfte der Anblick des Wiltener Friedhofs ein mulmiges Gefühl in der Magengrube verursacht haben!

Welche Farben haben die Olympischen Ringe?

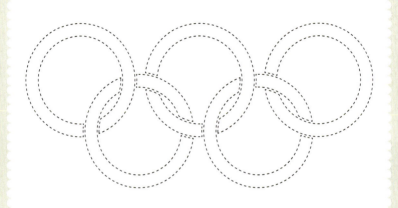

 Die Olympischen Ringe wurden von Pierre de Coubertin 1913 entworfen. Das Symbol besteht aus fünf ineinander verschlungenen Ringen in den Farben Blau, Gelb, Schwarz, Grün und Rot. Die Farben der Ringe stehen für die Verbundenheit der Kontinente untereinander, da sich zumindest eine Farbe in den Nationalflaggen der teilnehmenden Nationen wieder finden lässt. Eine landläufige Meinung ordnet darüber hinaus die Ringfarben bestimmten Kontinenten zu:

Blau = Europa; Schwarz = Afrika; Rot = Amerika;
Gelb = Asien; Grün = Australien

Apropos Ausblick: Ein Besuch der Wiltener Basilika (→**1a**) ebenso wie der in der unmittelbaren Nachbarschaft befindlichen Stiftskirche Wilten (→**1b**) lohnt auch in dieser Hinsicht. Besonders die prachtvollen Deckengemälde der Basilika führen die Augen des Betrachters in Schwindel erregende Höhen.

2 Nordpark

Vom Stadtzentrum in nur 20 Minuten mitten in die Berge, dies ermöglichen die neuen Bahnen des Nordparks. Die futuristischen Bauten der neuen Standseilbahn und die auffälligen Brückenpfeiler über den Inn stammen übrigens auch von der Architektin der Bergiselschanze – Zaha Hadid. Ein gelber und ein blauer Wagen transportieren jeweils bis zu 130 Personen auf den höchstgelegenen Stadtteil Innsbrucks, die Hungerburg. Weiter geht es zur Seegrube und zum Hafelekar. Bei schönem Wetter eröffnen sich von dort atemberaubende Blicke in die Alpen und auf die zu Füßen liegende Stadt. Diese Bergkulisse machte nebenbei auch im Kino von sich reden. Berühmt ist die Szene, in der Romy Schneider als Kaiserin Sissy über die zerklüfteten Felswege des Hafelekars wandert. Von besonderem Interesse sind die Gebäude von Franz Baumann aus den 1930er Jahren. Denkmalgeschützt wurden sie während der Erneuerung der Bahnen bis 2007 behutsam renoviert.

(H) Kongress

Nordkettenbahn

Bartgeier

(H) Alpenzoo

Prof. Hans Psenner (1912–1995) gilt als Vater des Alpenzoos. Seine Erfolge in der Haltung und Zucht von heimischen Wildtieren und sein unermüdliches Bestreben zur Errichtung eines Alpinen Tiergartens führten zur Eröffnung des Alpenzoos am 22. September 1962.

3 Alpenzoo

Auf 750 m Höhe erreicht man den Innsbrucker Alpenzoo. Im somit höchstgelegenen Zoo Europas sind an die 150 in den Alpen heimische Tierarten zu bewundern. Es tummeln sich unter anderem Braunbären, Steinadler und Fischotter in großzügigen Freigehegen, Volieren und Aquarien. Besonders stolz sind die Zoologen auf die Aufzucht vom Aussterben bedrohter Tierarten.

Wer findet das Grab von Anna Maria Achenrainer?

 Das ungewöhnliche Grabkreuz der in Pfunds geborenen und in einem Waisenhaus aufgewachsenen Schriftstellerin zeigt auf seinen schmiedeeisernen Blättern die Titel ihrer Gedicht- und Prosabände.

Wer sich nicht so weit in hochalpines Gelände vorwagen möchte, dem sei ein Spaziergang zum Höttinger Bild empfohlen. Die kleine Wallfahrtskapelle ist auf zwei Wegen in ca. 45 Gehminuten erreichbar: vom Gramartboden oder vom Planötzenhof aus. Tipp: Bei beiden gibt es einen Kinderspielplatz!

(H) Mühlau

4 Mühlau

Der Innsbrucker Stadtteil Mühlau besitzt eine lange industrielle Tradition. Seit dem 15. Jh. gab es am Wurmbach eine Reihe von Plattnerwerkstätten, in denen prächtige Ritterrüstungen hergestellt wurden. Auch die meisten der »Schwarzen Mander« für das Grabmal Kaiser Maximilians wurden hier gegossen. Spuren aus jener Zeit finden sich heute keine mehr. Nur die Ruine der Rauchmühle samt Kraftwerk erzählt von vergangenen Tagen. Bis 1919 wurde hier Korn zu Mehl gemahlen. Ein verheerender Brand machte dann den Neubau der Mühle in günstigerer Lage zur Eisenbahn an der Haller Straße notwendig. Das Kraftwerk ist im damaligen Zustand heute noch in Betrieb; neben der sehenswerten Maschinerie beherbergt es die Schausammlung der Rauchmühle.

Eine weitere Reise in die Vergangenheit kann man auf dem als »Dichterfriedhof« bekannten Mühlauer Friedhof unternehmen. Hier liegen u. a. die letzten Ruhestätten von Georg Trakl, Ludwig von Ficker oder Anna Maria Achenrainer.

Eine kleine Wanderung rund um den Friedhof gibt schöne Blicke auf die Stadt frei. Etwas weiter entfernt bietet der Rechenhof kleine, feine Speisen. Und mit dem Kloster der Karmelitinnen von Margarethe Heubacher-Sentobe gibt es noch interessante zeitgenössische Architektur in Sichtweite.

Die Rauchmühle an der Haller Straße zählt zu den bedeutendsten Industriebauten Tirols aus der Zwischenkriegszeit.

Suche den Weg ins Innere des Labyrinths!
Dort wartet ein besonderer Schatz auf dich.

Volders, Gemeindeamt

Urne aus der Räterzeit. Weitere
Funde zeigt das Museum in Wattens.
Informationen auch zum Himmelreich
unter www.museum-wattens.at.

Kristallwelten

5 Himmelreich

Auf einer Waldkuppe am östlichen Ortsrand von Volders versteckt sich das sog. »Himmelreich«. Ein heute noch erkennbarer Ringwall umschließt die Fundamente von mehreren Gebäuden. Ihre Grundmauern und die bei der Freilegung gemachten Funde erzählen so manches aus dem Leben der Menschen von damals. So dürften adelige Räter diesen Ort vom 4. bis zum 1. Jh. v. Chr. bewohnt haben. Ihre einem Blockhaus ähnlichen Häuser bestanden meist nur aus einem Raum mit einer Feuerstelle in der Mitte. Mit Wasser versorgten sich die frühen Alpenbewohner mit Hilfe einer Winde aus einer 10 m tiefen Zisterne.

6 Swarovski Kristallwelten

Nur wenige Kilometer vom Himmelreich entfernt – im Nachbarort Wattens - bewacht ein mächtiger Riese mit weithin sichtbar funkelnden Augen seine unterirdischen Wunderkammern. Als Ort des Staunens von André Heller anlässlich des 100-jährigen Firmenjubiläums des Kristallkonzerns Swarovski erdacht, erfreuen die Kristallwelten seit 1995 Besucher aus aller Welt. Im Inneren findet sich nicht nur der größte jemals geschliffene Kristall; viele fantastische Räume voll von glitzernden Träumen warten darauf, entdeckt zu werden. Übrigens: Kinder und Jugendliche gehören zu den liebsten Gästen des Riesen. In seiner »Kristallinen Werkstätte« erfahren sie nicht nur spannende Geschichten aus seinem Leben, sondern finden auch viel Raum für eigenes Gestalten mit Kristall. Bei schönem Wetter lädt der Park mit Labyrinth, Skulpturen und Spielplatz zum Verweilen ein.

 Nach einem Originalrezept von Philippine Welser, 1557

Samalzic Nudelin – Geschmälzte Spätzle

Zutaten für 4 Personen

350 g Mehl
5 Eier
20 g Butter
1 Prise Muskat
Salz
50 g Butterschmalz
Petersilie

Zubereitung

Das Mehl in einer Schüssel nach und nach mit den Eiern vermengen, bis ein zäher Teig entsteht. Die Butter zerlassen und mit Muskat und Salz unter den Teig kneten; anschließend 30 Minuten rasten lassen.

In der Zwischenzeit 2 Liter Wasser im Topf aufkochen und salzen. Ein Backbrett ins Wasser tauchen, etwas Teig darauf legen und mit einem Messer feine Teigstreifen in das sprudelnde Salzwasser schaben. Schwimmen die Nudelin auf der Wasseroberfläche, sind sie fertig gekocht und können mit einer Schaumkelle herausgenommen werden. Daraufhin schreckt man sie mit kaltem Wasser ab und schwenkt sie in einer Pfanne mit zerlassenem Schmalz.

Mit gehackter Petersilie bestreut, sind sie fertig zum Servieren.

Achtung

Die Nudelin müssen immer im Wasser schwimmen, deshalb schneide jeweils nur so viele, wie im Topf Platz finden!

(H) Tummelplatz

Schloss Ambras

Wunderkammer, Haarmensch

Für Freunde der Archäologie: Ein Spaziergang vom Lanser See zum Goarmbichl bei Vill führt zu Resten einer frühgeschichtlichen Siedlung. Erholung bietet der nahe Igler Kurpark mit seinem architektonisch bemerkenswerten Congressgebäude (erbaut 2007).

7 Schloss Ambras

Als Erzherzog Ferdinand II. 1564 Landesfürst von Tirol wurde, ließ er außerhalb von Innsbruck die mittelalterliche Burg Ambras zu einem prächtigen Renaissanceschloss ausbauen. Hier lebte er mit seiner nicht ganz standesgemäßen Frau Philippine Welser, hier feierte er rauschende Feste und hier fand er Platz für seine berühmte Sammlung. In den Ambraser Kunst- und Wunderkammern kann man sich heute noch von der Sammelleidenschaft Ferdinands überzeugen. Ritterrüstungen, Porträts außergewöhnlicher Menschen, prachtvolle Pokale, kunstfertig gearbeitete Schaustücke aus Elfenbein, Alabaster oder Korallen sind nur einige der ungewöhnlichen Exponate, die es zu bestaunen und zu bewundern gilt.

Das Hauptschloss beeindruckt durch die auf drei Etagen untergebrachte Porträtgalerie. Über 200 Bilder der berühmtesten Maler ihrer Zeit, wie z.B. Tizian, Velásquez oder Rembrandt, lassen in die Gesichter von Mitgliedern der Familie Habsburg blicken.

Von den ursprünglich hier befindlichen Wohnräumen ist speziell das Bad der Philippine Welser erwähnenswert und nicht zuletzt der Spanische Saal mit seiner beeindruckenden Holzdecke. Ein bedeutendes und in diesen Breiten seltenes Beispiel der Renaissancearchitektur.

Auf einen Spaziergang im Schlosspark, der im Stil eines englischen Landschaftsgartens angelegt und von einer Mauer umgeben ist, sollte man nicht verzichten. Beim Auskundschaften einer Ritterhöhle, des Keuchengartens, des großen Weihers oder des Wasserfalls leisten einem jede Menge Eidechsen und prachtvolle Pfaue Gesellschaft!

© 2008 by lœwenzahn in der Studienverlag Ges.m.b.H., Erlerstraße 10, A-6020 Innsbruck
e-mail: loewenzahn@studienverlag.at
homepage: www.loewenzahn.at

Bibliografische Information Der Deutschen Bibliothek
Die Deutsche Bibliothek verzeichnet diese Publikation in der Deutschen Nationalbibliografie;
detaillierte bibliografische Daten sind im Internet über http://dnb.ddb.de abrufbar.

ISBN 978-3-7066-2403-9

Layout und Satz: lœwenzahn/Stefan Rasberger
Umschlag: lœwenzahn/Stefan Rasberger unter Verwendung eines Fotos von
www.istockphoto.com

Abbildungen Umschlag hinten: Franco Coccagna

Abbildungen Innenteil:
Alle Fotos von Franco Coccagna außer: Stadtarchiv/Stadtmuseum Innsbruck (S. 7 unten,
S. 15 oben), Benno Monz (S. 9); Tiroler Landesmuseen GmbH (S. 11 oben); Martin Walde
(S. 65); Alpenzoo Innsbruck (S. 69 unten); Museum Wattens (S. 73 oben); Swarovski
Kristallwelten (S. 72, S. 73 unten)

Alle Rechte vorbehalten. Kein Teil des Werkes darf in irgendeiner Form (Druck, Fotokopie,
Mikrofilm oder in einem anderen Verfahren) ohne schriftliche Genehmigung des Verlages
reproduziert oder unter Verwendung elektronischer Systeme verarbeitet, vervielfältigt
oder verbreitet werden.

Gedruckt auf umweltfreundlichem, chlor- und säurefrei gebleichtem Papier.

Hinweis:
Die einzelnen Angaben wurden von den Autorinnen sorgfältig nach bestem Wissen und
Gewissen zusammengestellt. Für die Richtigkeit der Angaben kann keinerlei Haftung
übernommen werden.